Lionel Blue / June Rose

Ein Vorgeschmack des Himmels

Lionel Blue / June Rose

Ein Vorgeschmack des Himmels

Abenteuer religiöser Kochkunst

Kösel · München

CIP-Kurztitelaufnahme der Deutschen Bibliothek

Blue, Lionel:
Ein Vorgeschmack des Himmels: Abenteuer religiöser Kochkunst/Lionel Blue: June Rose. [Ins Dt. übertr. von Ellen Plambeck]. – München: Kösel, 1979.
Einheitssacht.: A taste of heaven ⟨dt.⟩
ISBN 3-466-20185-3
NE: Rose, June:

ISBN 3-466-20185-3
Ins Deutsche übertragen von Ellen Plambeck.
Titel der englischen Originalausgabe:
»A Taste of Heaven. Adventures in Food and Faith«

Gesamtherstellung: Kösel, Kempten.
Umschlaggestaltung und Illustration:
Peter Schimmel, München.

Inhalt

Widmung

Wir widmen dieses Buch allen, die Gott mit ihren Töpfen und Pfannen dienen und ihn im Küchendunst anbeten.

Den Frauenvereinigungen der Synagogen, die ihre Servierwagen durch die Korridore schieben und Essen auf Rädern austeilen.

Den Damen der Frauenklubs und Müttervereine, die die besten Marmeladen und Chutneys machen, die man für Geld kaufen kann, und mit dem Erlös Lepra heilen oder einen Kirchturm errichten.

Den indischen und Pakistani-Restaurants, die seit unseren Studententagen unsere Phantasie mit feurigen Currygerichten beflügelt haben.

Den sehr ehrwürdigen Müttern und Vätern, Schwestern und Brüdern, die uns mit Nahrung für Leib und Seele empfangen haben.

Den Sikhs und Buddhisten, die uns an ihrer Liturgie und an ihrem Lachen teilnehmen ließen und uns mit Takt und Freundlichkeit in ihre Küchen einluden.

Den islamischen Gastarbeitern, die in der Eisenbahn ihre kleinen Eßpakete teilten, und den Juden, die ihr Brot in den Konzentrationslagern verschenkten.

Allen, die den unerwarteten Gast liebevoll aufnehmen.

Lionel Blue
June Rose

Zum Beginn

Lionel Blue

In den meisten religiösen Traditionen gibt es Kochrezepte, die, wie die Überlieferung selbst, von einer Generation zur anderen weitergegeben werden, und jede Generation fügt ihnen etwas hinzu und paßt sie ihrer Zeit an. Sie kommen aus einer Vergangenheit, in der es keine Waagen und Meßbecher gab und in der die Sinne noch nicht durch Technologie ersetzt wurden. Daher haben June und ich, wenn möglich, die einfachen und herkömmlichen Maße verwendet, die es in jeder Küche gibt: eine große Tasse und einen Satz Löffel. Um genau zu sein: unsere Tassen fassen etwas weniger als einen viertel Liter. Die Löffelmaße, die wir empfehlen, sind weder zu knapp noch zu stark gehäuft, sondern normal und sanft gerundet. Bei den klassischen Maßen haben wir die entsprechenden Mengen bis auf etwa fünf Gramm oder Milliliter angegeben.

Die religiöse Küche verfährt großzügig. Die Familie ist zahlreich, es kommen viele Gäste, und das Mahl ist eine Feier. Die Schüsseln müssen groß sein, und das Essen muß sich strecken lassen. Wer weiß, wer noch anklopft? In Indien ist der Gast der Gott Krischna und heilig. In den Evangelien vermehrt Jesus Brot und Fische und Wein, um eine Volksmenge zu sättigen oder den unerwarteten Hochzeitsgast. Beim jüdischen Passahmahl sagt der Zelebrant: »Laßt *alle,* die hungrig sind, hereinkommen und essen!« Das können doch nicht nur leere Versprechungen sein. Solche religiösen Rezepte müssen auch der Inanspruchnahme durch den unerwartet von Gott eingeladenen Gast standhalten. Daher sind es Rezepte für große Pfannen und tiefe Töpfe, nicht für hübsche kleine Portionen, die allein an Einzeltischen serviert und verzehrt werden.

Für solche Rezepte braucht man alltägliche Zutaten. Das Gewöhnliche wird verwandelt und das Einfache gesegnet. In Japan feiern die Buddhisten mit roten Bohnen und Reis. Für den jüdischen Sabbat ist nur ein Hering nötig. Jesus betete um das tägliche Brot und nicht um Kuchen. Der Wein, den er beim Letzten Abendmahl segnete, war keine Schloßabfüllung. Die religiöse Kochkunst verläßt sich auf zwei Zutaten, Armut und Würde. Baked Beans aus der Dose ist eine Kost für Menschen, die ihre Selbstachtung verloren haben, nicht aber ein Armeleuteessen. Die einfache Küche ist köstlich, weil die Armut nicht verdrängt oder versteckt wird. Gott liebt die Armen – alle heiligen Schriften sagen es.

Das Goldene Zeitalter des Überflusses dürfte vorbei sein. Die Nahrungsmittelpreise werden nur noch steigen. Wir können uns weder Aufwand noch Verschwendung leisten. Also wenden wir uns der Religion zu, denn da besteht der Erfolg nicht nur im Geld, und gute Küche heißt nicht ausgefallene Gerichte und teure Etiketten. Wir kochen, um Freude zu machen und zu empfangen, nicht um unsere Gäste mit dem einzuschüchtern, was wir haben, und mit dem zu demütigen, was sie nicht haben. Sich von nachlässigen Kellnern schikanieren zu lassen in Restaurants, die man sich eigentlich nicht leisten kann, ist keine religiöse Mahlzeit. Ohne Furcht vor Rechnungen oder Verpflichtungen seine Freunde zu speisen und sich von ihnen speisen zu lassen, das ist die Kochkunst, wie sie die Religion lehrt.

Von Hühnern überrannt

Lionel Blue

Ich traf ihn auf einer theologischen Konferenz – einen christlichen Theologen, der sich sehr um ein Verständnis der jüdischen Wurzeln seines eigenen Glaubens bemühte. Er fragte: »Was denken die Juden von den Sakramenten?« »Wie bereiten wir uns auf den Ökumenismus vor?« »War ich Barthianer?« Er sah mich mißtrauisch an, als ich zögerte und anfing zu stottern. Ich hatte nie über solche Dinge nachgedacht, obwohl ich zehn Jahre studiert hatte, um Rabbiner zu werden. Die jüdische Welt hatte damals gerade eine ihrer periodischen Familienstreitigkeiten. Die Rabbiner sprachen kaum miteinander, geschweige denn mit ökumenischen Außenseitern. Außerdem hatte ich so viel Mühe gehabt, koscher zu sein, daß mir keine Zeit geblieben war, darüber nachzudenken, ob ich Barthianer sei. Was Juden denken, wenn ein Tropfen Milch in einen Topf Fleischbrühe fällt, wußte ich ziemlich genau. Darüber findet man immerhin sehr viel im Talmud, aber über ein Sakrament war ich mir nicht so im klaren. War es ein Test, ein Gebet oder etwas zu essen wie Matzen – war es etwas Angenehmes? In meiner Verzweiflung lud ich ihn zum Sabbatmahl am Freitagabend ein. Als Kind hatte meine Großmutter mir immer ein Stück Käsekuchen in den Mund gestopft, wenn ich eine unbequeme Frage stellte. Vermutlich benutzte ich die gleiche gutgemeinte Ausflucht. June meint, das sei die jüdische Art zu sagen: »Frage nicht!«
Beim Essen sah er andächtig zu, wie wir die Kerzen und Brot und Wein segneten. Er hatte die Hände gefaltet und den Kopf tief geneigt. Aber er blickte erschreckt auf, als gelegentliche Bemerkungen die Feierlichkeit durchbrachen. Eine Freundin, die Frau eines Rabbi, hatte beim koscheren Schlachter Schlange stehen müssen. Vor ihr hatte eine Jüdin mit zitternden Fingern auf das tote Geflügel gezeigt, das über den Köpfen hing, als ob es wie Bomben auf die

Frommen heruntersausen wollte. »Sehen Sie«, sagte die Frau, »wenn es uns Juden nicht gäbe, würde das Land von Hühnern überrannt werden.« Erheitert über diese jüdische Logik wandten wir uns wieder dem Gespräch mit dem Allmächtigen zu.

Am Anfang der Mahlzeit hatten wir über Dinge gesprochen, die unserem Milieu und Beruf angemessen waren, über die dritte Welt, Amnesty International und über die steigenden Preise von Pauschalreisen bei gleichbleibenden klerikalen Einkommen. Aber nachdem June das erste Gericht hereingebracht hatte, wandte sich die Unterhaltung wieder den Hühnern zu und blieb beim Essen. Was könnten wir tun, damit wir nach dem Hühnchen Kaffee mit Milch trinken könnten? (Nach jüdischem Gesetz ist Milch nach Fleischgenuß verboten, aber es gibt unzählige Ersatzmöglichkeiten und Kniffe, um das Problem zu lösen.) War das koschere Päckchen bei den europäischen Fluggesellschaften besser als das Sandwichpäckchen?

Mein neuer Freund lächelte nachsichtig und wartete darauf, daß wir auf ernsthafte Themen wie Sakramente und Barth zurückkämen. Aber statt der Theologie war nun die Gastronomie Mittelpunkt unseres Interesses geworden, und die Details, der Eifer und die Lust, mit denen wir diesen Gegenstand behandelten, fingen an ihn zu beunruhigen und dann zu schockieren. Unsere Reaktionen während dieser Feier waren nicht sehr geistlich oder auch nur geistig, sondern ausgesprochen fleischlich. Mein Freund wollte das Herz des Judentums finden, und er hatte es gefunden. Wie das menschliche Herz ist es so nahe beim Magen wie beim Gehirn und nicht sehr weit vom Verdauungstrakt entfernt.

Die westliche Religion beansprucht den Geist und den Glauben der Menschen, und nur in Predigten ist sie ein »way of life«. Aber die östlichen Religionen sind immer noch Wege des Lebens (wenn auch abgenutzt und ausgefahren). Noch immer sind die Sinne Wege zu religiöser Bewußtheit, weil Leib und Seele nicht so getrennt sind. Man kann seine Seele ernähren und mit dem Leib denken. In manchen Religionen kann der Leib ein Gebet tanzen und in anderen offenbart sich Gott durch Kochrezepte.

Ich habe auf diesen Seiten eine religiöse Reise beschrieben, die beim Küchenherd meiner Großmutter anfing und die, wenn alles gut geht, June und mich zu dem Mahl führen wird, das für alle Kreaturen Gottes bereitet ist. Es ist die Geschichte einer Pilgerschaft durch die Küchen meines Lebens. Sie sind wirklich für mich Schulen der Frömmigkeit und Hingabe gewesen. In ihnen erwachte mein erstes Bewußtsein von Gott. Gemeinsames Essen überbrückte Feindschaften und festigte Freundschaften. Wo alle Worte versagten, fand ich mit Moslems Gemeinsamkeiten bei *humous* und Auberginen. In einem deutschen Nachtzug brachten geteilter Schnaps und Stollen mir die erste Freundschaft im Nachkriegsdeutschland.

Neben Kirchen und Kapellen und einer gelegentlichen Synagoge sind in jeder europäischen Stadt neuere und exotischere Gebäude emporgewachsen. Aus dem grauen Himmel von Bradford ruft der Muezzin die Gläubigen zum Gebet, Krischna und Shiva wohnen an der Ruhr, und im fernsten Chiswick kann man die Schale eines buddhistischen Mönches füllen. Das kann Veranlassung zu Freude und Lachen oder zu Gewehren und Mord sein. Auf der Straße müssen die Kinder miteinander spielen – wenn ihre Eltern es ihnen nicht verbieten, wird es ihnen nicht schwerfallen –, und Mrs. Cohen, Mrs. Khan und Mrs. Smith müssen sich nicht nur in die Wohnzimmer, sondern auch in die Küchen ihres Lebens einladen. Und gelegentlich sollten sie auch ihre Ehemänner mitbringen.

Also machte June eine Reise in die Häuser der Menschen, suchte sie in ihren Küchen auf und hörte sich ihr blumiges und gepfeffertes Englisch an. Sie erzählten ihr, wie sie Gott zwischen ihren Töpfen und Pfannen dienten und wie sie ihr Leben damit verbrachten, kleine Kunstwerke zu schaffen, deren Zubereitung oft Stunden dauerte und die im Nu verzehrt waren. All das geschah ohne Getue, Bedauern oder Anmaßung. Durch ihr großzügiges Geben gelangten sie zur Tugend, ohne zu wissen, daß sie es taten. – Die einzige Art und Weise, wie man Tugend erwerben kann.

Rezepte für eilige Juden: sie sind meistens in Eile!

Wir beide, June und ich, sind gesellig, unverheiratet und müssen unseren Lebensunterhalt verdienen. Wir leben nicht wie unsere Urgroßeltern nach dem liturgischen Jahr, sondern nach Weckuhren und Zeitnehmern, die »Ping« machen. Hier einige traditionelle jüdische Gerichte, die wir machen und gerne essen, an denen sich sowohl Rabbiner wie Priester delektiert haben und die, weil fleischlos, zudem den Vorteil haben, daß niemand durch sie mit Speisegesetzen in Konflikt gerät. Da wir nicht über die durch Pogrome erworbene Geduld verfügen, müssen wir uns eines modernen Wunders, des Mixers, bedienen. Wie Gottes Mühlen mahlt er außerordentlich fein, aber man braucht nicht so lange zu warten.

Gehackter Hering

Das ist eine Fischpastete oder Paste, die bei jeder nur denkbaren Gelegenheit im jüdischen Leben auftaucht. Man ißt sie nach einer Beschneidung, um die angegriffenen Nerven wieder herzustellen, und bei einem Hochzeitsempfang auf Toaststückchen. Sie begleitet einen sogar über das Grab hinaus, denn man ißt sie auch, wenn man von einer Beerdigung in das Trauerhaus zurückkehrt. Alte jüdische Rentner in Stepney mampfen sie, und bei jungen jüdischen Managern in Hampstead wird sie auf silbernen Tabletts serviert. Man kann sie in Delikateßgeschäften kaufen – manchmal recht gut, aber meist zu scharf. Oder man kann sie selber machen.

Wenn Sie einen vernünftigen Mixer oder ein Rührgerät haben, ist es wirklich ganz einfach. Ein großes Glas eingelegte Heringe vom Supermarkt ist das ganze Geheimnis. In alten Rezepten sind Matjesheringe vorgeschrieben. Aber die sind heutzutage zu teuer für eine Paste und müssen für sich genossen werden, nicht pulverisiert.

Man häutet und entgrätet die Heringe eines 300-g-Glases und gibt die Filets in den Mixer oder dreht sie durch den Wolf, wenn der Mixer nicht stark genug ist. Sie lassen sich sehr leicht häuten. Man vermischt sie mit der Hälfte der Zwiebeln aus dem Glas, drei geschälten und entkernten Eßäpfeln, drei großen Scheiben Weißbrot ohne Rinde, in Wasser eingeweicht und ausgedrückt, einem Eßlöffel Öl, vier hartgekochten Eiern, einem Eßlöffel Streuzucker und einer Prise weißem Pfeffer.

Wenn es eine glatte Masse geworden ist, schmeckt man ab und fügt je nachdem noch Äpfel oder Zucker oder Ei hinzu. Man kann auch ein oder zwei Eßlöffel feingehackte rohe Zwiebeln dazugeben; man darf die Zwiebeln aber nicht im Mixer zerkleinern, sonst schmeckt die Paste wie bitterer Zwiebelsaft.

Gehackter Hering hat einen Nachteil – er sieht ziemlich schmutzig grau aus wie alte Chinchilla. Aber das läßt sich leicht beheben. Man braucht nur hartgekochte Eier feinzuhacken oder durch ein Sieb zu streichen und reichlich darüber streuen. Man kann auch das Eiweiß und Eigelb getrennt durchsieben und damit Muster machen. Aber dazu haben heutzutage die wenigsten Zeit, wenn sie sich von Komiteesitzungen zu großen Konferenzen schleppen – und dann zu kleinen charismatischen Gruppen eilen, um Gott alles zu erzählen.

Tip: Wenn man den gehackten Hering fertig kauft und er zu scharf ist, kann man ihn durch Hinzufügen von Äpfeln und Eiern mildern. Wenn man arm ist, tut man mehr Brot, das in Wasser und Heringssaft eingeweicht und dann ausgedrückt wird, hinzu. Die Paste kann es vertragen. Sie brauchen deswegen kein schlechtes Gewissen zu haben. Was, glauben Sie denn, enthält der delikate Dorschrogen oder die Fischpastete in Ihrem teuren Restaurant? Meine Großmutter machte es immer so, es blieb ihr allerdings auch nichts anderes übrig.

Gefilte Fisch: Gefüllter Fisch – die Geschichte vom verschwundenen Fisch

Jedes jüdische Gericht hat eine Geschichte, und dies ist die Geschichte von dem verschwundenen Fisch. Gefilte Fisch heißt wörtlich gefüllter Fisch. Der Name ist jiddisch (der alte jüdisch-deutsche Dialekt, den die Juden während der Kreuzzüge nach Polen mitbrachten). In der deutschen Küche ist der Fisch noch da, aber in der jiddischen Küche ist er verschwunden.

Die Juden waren so arm, daß sie sich Fisch nicht leisten konnten, nur die Füllung blieb übrig. Also wurden aus dem gefüllten Fisch Fischbällchen. Aber sie sind so gut, daß man den verschwundenen Fisch nicht vermißt. Sie sind ein jüdisches Feinschmeckergericht und haben ihren Ehrenplatz neben den Kerzen

auf dem Sabbattisch. Man kann sie kochen oder mit Karottenscheiben backen. June und ich essen sie am liebsten in Öl gebraten, außen braun und knusprig, nach Mandeln riechend.
Evelyne Rose, die jede Woche im »Jewish Chronicle« Rezepte veröffentlicht, die in fast allen jüdischen Haushalten des Landes ausprobiert worden sind, schlägt folgende schnelle Zubereitung mit einem Mixer vor. Ich mache es ein wenig anders, denn meine Kindheitserinnerungen und mein Geschmack sind von den ihren verschieden. Unsere Familien kamen nicht aus dem gleichen Ort.
Erstens: Etwa $1\frac{1}{4}$ kg Fischfilets werden in einem starken Mixer zerkleinert. Achten Sie darauf, daß die Filets ohne Haut sind. Je mehr verschiedene Fischsorten Sie verwenden, desto besser. Am besten ist eine Mischung von See- und Süßwasserfischen, z. B. Schellfisch und Karpfen. Aber auch wenn man nur Dorsch oder Schellfisch bekommen kann, schmeckt es ausgezeichnet. Nehmen Sie keinen sehr fischigen, tranigen Fisch. Hering oder Makrelen sind billig und verführerisch, aber nicht zart genug. Verwenden Sie auch keinen Dosenfisch oder Kartoffelmus. Wenn es auch nur Fischbällchen sind, so ist es doch kein Alltagsessen, sondern ein Feinschmeckergericht. Machen Sie sich nicht die Mühe, den Mixer zu reinigen. Sie brauchen ihn gleich wieder.
Nun mischen Sie: 1 große Kartoffel, 1 große Zwiebel, einen Zweig Petersilie, 2 große Eier, $\frac{1}{3}$ Tasse Wasser, 4 Teelöffel Zucker, 3 Teelöffel Salz, 2–3 große Prisen weißen Pfeffer, 100 g geschnittene Mandeln.
Mischen Sie alles gut und geben es über den gehackten Fisch. Dazu kommen noch 4 Eßlöffel Matzenmehl (ziemlich klein zerdrückte Cream Crackers tun es auch). Nochmals gut mischen.
Erhitzen Sie Öl in einer Pfanne, und werfen Sie ein Stückchen Zwiebel hinein. Wenn das Öl mit der

Zwiebel brutzelt, ist es heiß genug. Nun feuchten Sie die Hände an und formen aus der Fischmischung Golfbälle, flachen sie etwas ab und backen sie im Öl. Sie müssen gewendet werden, damit sie auf beiden Seiten braun werden. Dann auf Fließpapier abtropfen lassen.

Man kann sie heiß oder kalt essen. Wie viele Kontinentale essen auch die Juden gern kalten Fisch. Er schmeckt gut, vorausgesetzt, daß das Öl gut war und wirklich heiß.

Gefilte Fischbällchen werden nicht mit Sauce Tartare gegessen, sondern mit Chrain. Man kann sie in Flaschen kaufen oder selber machen. Es ist eine dicke Sauce aus feingeriebenem Meerrettich, Roten Beten, weißem Essig, Zucker und Salz. Manche mögen sie heiß und nehmen mehr Meerrettich, andere mehr Rote Bete. Die Menge steht bei Ihnen.

Achtung: Überzeugen Sie sich, daß Ihr Backöl heiß ist. Tun Sie Ihre Fischbällchen nicht in ein lauwarmes, öliges Bad. Sie werden verdientermaßen zerfallen. Wenn Sie ökumenisch sind und dies Rezept in der Fastenzeit verwenden, statt Fleisch zu essen, nehmen Sie nicht Margarine, Butter oder Bratenfett, sondern Öl, weil es viel heißer wird. Und nehmen Sie auch kein Schweineschmalz. Das paßt irgendwie nicht.

Kippers

In den meisten jüdischen Familien ißt man gerne geräucherten Lachs. Aber man kann ihn sich nicht leisten und Sie vermutlich auch nicht. Im allgemeinen sind Juden nämlich nicht sehr vermögend. Gehen Sie nach Stepney in London oder St. Paul in Paris; dann können Sie sich selber davon überzeugen. Trotzdem versuchen die Juden für ihre Armen und Notleidenden zu sorgen. Die Hilfsleistungen des Jewish Welfare Board in London sind ein gutes Beispiel dafür, wie eine Minderheit versucht, sich selbst zu helfen, und nicht glaubt, daß die Welt ihr Unterstützung schuldet. Und selbst wenn dem so wäre, würde sie sie bekommen?

Nehmen Sie also als Ersatz ein geräuchertes Heringsfilet, entgrätet. Braten Sie es nicht, es ist schon geräuchert, sondern schneiden Sie es so dünn und zart auf, wie geräucherter Lachs in Delikateßgeschäften aufgeschnitten wird. Ein Bad in Zitronensaft bekommt Ihren geräucherten Heringen gut! Benutzen Sie so etwas wie ein Schinkenmesser – »entschuldigen Sie das Wort!« würde meine Großmutter sagen. Bei Sandwiches merkt man den Unterschied kaum. Das Gericht schmeckt ganz köstlich mit Zitronenvierteln oder Zwiebelringen. Sie sollten hier in England die günstige Gelegenheit, geräucherte Heringe zu kaufen, nutzen, denn wie lange wird man sie sich noch leisten können? Früher war auch Lachs Armeleuteessen.

Ein Glas eisgekühlter Wodka, Schnaps oder holländischer Gin nimmt jeden Fettgeschmack und macht aus dem armen geräucherten Hering geräucherten Lachs oder Stör – beinahe.

Achtung: Werden Sie nicht zu technisch, und benutzen Sie kein elektrisches Messer! Es ist ein nützliches, wenn auch beunruhigendes Gerät, eignet sich aber nicht für diese Arbeit. Man braucht eine glatte Schneide, keine gezahnte.

Fröhliche Weihnachten und Frohe Hanukah

Lionel Blue

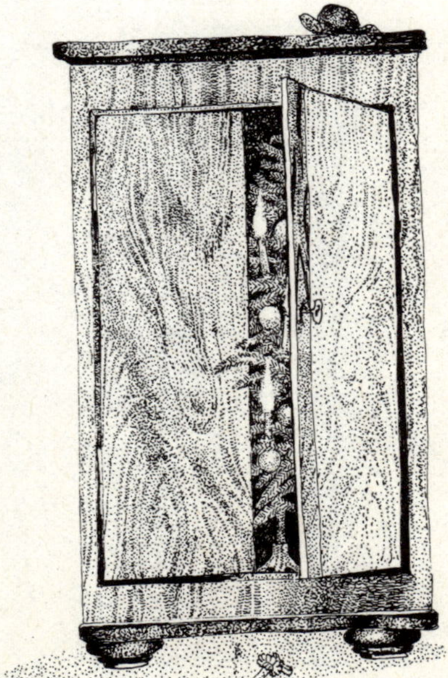

Das jüdische Problem

Zur Weihnachtszeit haben es die Juden schwer, denn Weihnachten ist ein Fest, wie sie es gern mögen: mit Religion, Einladungen, gutem Essen, Geschenken für die Kinder. Mit Weihnachten verbinden die Juden keine so traurigen Erinnerungen wie mit Ostern. Zu Weihnachten wurden den Juden in Osteuropa Getränke angeboten, an Ostern mußten sie ihre Türen gegen die Menge draußen verbarrikadieren, die Rache für die Kreuzigung nehmen wollte. Das macht es für die Juden noch schwieriger, sich nicht in den Geist von Weihnachten hineinziehen zu lassen – und von da in die christliche Theologie – und schließlich, fast unbewußt, ins Christentum. Ich empfinde als Nichtchrist den ganzen Zauber des Festes, und zu meinen schönsten Erinnerungen gehört ein Gang durch die Straßen von Malta zur Weihnachtszeit, wo in jedem Fenster Ochs und Esel, die Hirten und die heilige Familie aufgestellt waren mit einem strahlenden Stern darüber, der seltsamerweise dem Stern gleicht, der das Symbol des Judentums ist.

Glücklicherweise haben die Juden ungefähr zur selben Zeit auch ein Fest, das *Hanukah* heißt – das Fest des Lichtes; es erinnert an den Aufstand der Makkabäer dreihundert Jahre vor Christus und an ihren Sieg über die Hellenisten und an die Wiederweihe des Tempels in Jerusalem. Es ist kein so großes Fest wie Weihnachten, aber es ist ein sehr hübsches Fest mit einer realen Bedeutung. In den Fenstern steht die *Menorah,* ein besonderer Leuchter für das Fest, und erzählt allen von der Zeit, in der »die vielen in die Hände der wenigen überliefert wurden« und zur Abwechslung einmal die Unterdrückten siegten. Es ist auch eine religiöse Erfolgsgeschichte, aber charakteristischerweise eines Erfolges in dieser Welt, nicht in einer jenseitigen.

Die beiden Feste beginnen allmählich miteinander zu verschmelzen, trotz der Geistlichen und ihrer Predigten. (Ein Vorgeschmack der Probleme, die auf uns zukommen, wenn der Pluralismus wirklich um sich greift.) Die traditionellen kleinen Geschenke von »Hanukah Gelt« (gewöhnlich kleine Schokoladenmünzen) entwickeln sich mehr und mehr zu großen Weihnachtsgeschenken, und obgleich Hanukah zuerst kommt, Anfang Dezember, dehnen sich die Feiern inoffiziell nach und nach aus – z. B. bis zum 25. Dezember.

Manchen Juden ist das natürlich unangenehm, und sie würden die Weihnachtszeit am liebsten verschlafen. Um zu zeigen, daß es nicht ihr Fest ist, verbringen sie einen ganz gewöhnlichen Abend oder spielen Karten. Manche schließen einen von den geistlichen Autoritäten beklagten und nicht ganz geschmackvollen Kompromiß. Sie wünschen sich »Happy Chatzmas« (Hanukah plus Christmas). In Deutschland sagten die Juden »fröhliche Weinukah« (Weihnachten plus Hanukah). In manchen Städten und Vororten Amerikas wechseln sich in den Straßen Plakate mit der Aufschrift »Fröhliche Weihnachten« und »Frohe Hanukah« ab.

In Europa ist die Situation versteifter. Ich wollte einmal am 25. Dezember, allein, aber voll guten Willens, ein Gemeindemitglied besuchen – ebenfalls einsam und allein. Als ich in seine Straße einbog, wurde ich heiterer. Da war das Haus, strahlend von Licht und Wärme. Ich klingelte. Jemand rief »Mein Gott, der Rabbi!« Ich hörte, daß ein großer Gegenstand in einen Schrank gestoßen wurde (der Weihnachtsbaum?) und Flaschen im Cocktailschrank verschwanden. Ich sah durch die Gardinen, wie funkelnde kleine Lichter schnell gelöscht wurden. Im alten Ägypten wurden bei Festen eine Mumie und ein Sarg herumgeführt, um die Feiernden zu ernüchtern. Hier

war ich die Mumie. Es war eine peinliche Situation, und ich blieb nur fünf Minuten. Was hätten wir sonst tun sollen?
Sie können als Nichtjude leicht eine Einladung zu einem Hanukahfest bekommen. Allerdings werden Ihre Probleme dabei nicht religiös sein, sondern Kartoffeln. Kartoffelpuffer ist das verlockendste und fetteste aller jüdischen Gerichte.

Hanukah Latkes

Montag bulbe
Dinstag bulbe
Mitvoch weiter bulbe
Donnerstag wieder bulbe
Fritag warmes vecheres bulbe
Ober Shobbos in'n offene a bulbe kigele
Zontag noch a mol bulbe

Jiddisches Lied

Montag Kartoffeln
Dienstag Kartoffeln
Mittwoch wieder Kartoffeln
Donnerstag Wiederkehr der Kartoffeln
Freitag warme, nasse Kartoffeln
Am Sabbat ein Kartoffelpudding aus dem Ofen
Sonntag noch einmal Kartoffeln.

Aber trotz des Liedes und seiner Klage, der gebackene Kartoffelpuffer – der Latke – ist das traditionelle Hanukahessen und ist mittlerweile so obligatorisch geworden, daß nur die Angst vor Fettleibigkeit oder Herzbeschwerden davon abhalten. Die Kartoffeln werden nicht wie bei den englischen oder irischen Kartoffelkuchen vorher gekocht, sondern roh gerieben. Dadurch bekommen sie einen überraschend anderen Geschmack und eine andere Konsistenz. Die

Rezepte ähneln sich, aber es gibt viele verschiedene Beilagen dazu. Latkes sind so sättigend, daß man kaum noch etwas anderes für das Fest braucht. Daher ist eine jüdische Hanukahparty eine viel einfachere Angelegenheit als ein Weihnachtsessen.

Rabbi Gryn's Latkes

Rabbi Gryn lehrt am Leo Baeck College – einem rabbinischen Seminar in London –, und zur Hanukahzeit versammeln sich jedes Jahr die Studenten mit ihren Frauen, ihren Bräuten, die Lehrer und eine zusammengewürfelte Gesellschaft von Rabbinern und anderen Leuten, die etwas mit der Institution zu tun haben, um die Hanukahkerzen anzuzünden und Rabbi Gryn's Latkes mit den Beilagen seiner Frau zu essen. Der Rabbi steht am Küchenherd mit zwei großen Bratpfannen mit heißem Öl und einer Schüssel Latketeig, und seine Kinder sollen sie den Gästen siedendheiß bringen. Theoretisch. In Wirklichkeit findet sich das ganze College in der Küche um den Herd ein, kommentiert die Bräune und Elastizität der Kuchen und gibt sich widersprechende Ratschläge. Jüdische Institutionen, und seien sie noch so gewichtig, werden wie jüdische Familien, genau so debattierfreudig und warmherzig, ebenso großzügig wie gefühlvoll.

Hier das Rezept des Rabbi, das sehr traditionell und einfach ist. Es reicht für zwanzig Personen. Man kann die Menge natürlich verdoppeln. Rabbi Gryn geht zwar wie die meisten Köche seiner Art nach Gefühl und nicht nach Maß und Gewicht vor, aber er hat mir für sein Rezept die folgenden Maße angegeben.

Etwa 3,5 kg Kartoffeln und 2 große Zwiebeln schälen und reiben. Etwas Flüssigkeit absieben. Salz und Pfeffer nach Geschmack. 100 g mittelfeines Matzenmehl (man kann es in Läden kaufen – es ist wie

Semmelbrösel aus ungesäuertem Brot) hineinrühren sowie zwei Eßlöffel Hühnerfett oder Machzik (ein koscheres vegetarisches »Hühnerfett«) oder Öl. Das Öl in der Bratpfanne erhitzen, und wenn ein Stückchen Zwiebel darin brutzelt, einige Eßlöffel Teig hineingeben. Wenn sie braun sind, wenden, damit auch die andere Seite bräunt. Auf einem Gitter abtropfen lassen und heiß essen. (Sie werden vermutlich nie bis auf das Gitter kommen!)
Tip: Wenn die Kartoffeln gerieben sind, werden sie braun. Stoßen Sie sich nicht an der Farbe. Sie ist nicht gerade einladend, beeinflußt aber weder den Geschmack noch das Aussehen, wenn die Reibekuchen gebacken sind.

Die Beilagen

Man ißt sie mit:

- *Scheiben von süßsauren Gurken (klassisch und russisch)*
- *Kohlsalat*
- *Apfelmus*
- *Frühlingszwiebeln*

Man kann diese Kartoffelpuffer sogar mit Kartoffeln essen! Gutgewürztes Kartoffelmus mischt man mit ein paar rohen gehackten Zwiebeln, hartgekochten kleingehackten Eiern und geschmolzener Butter. Man ißt die Latkes heiß und den Kartoffelbrei kalt. Die verschiedene Konsistenz bildet einen interessanten Gegensatz. Fürchten Sie nicht um Ihren guten Ruf! Die Zusammenstellung ist durch die Tradition geheiligt und durchaus nicht mit Spaghetti auf Toast zu vergleichen.
Wenn Sie die Latkes als Vorspeise genossen haben, essen Sie sie nachher als Nachtisch. Das tun viele Juden. (Es gibt Punkte für Ausdauer!) Man kann

dann weniger Zwiebeln in den Latketeig geben, ich persönlich lasse ihn, wie er ist.
Essen Sie die Latkes also mit:

- *Zucker*
- *Zimt und Zucker*
- *Aprikosenmarmelade*
- *etwas Olivenöl (als Erinnerung an die von den Makkabäern wiederentzündeten Tempellampen).*

Servieren Sie dazu große Gläser heißen Zitronentee mit einem Eßlöffel Rum in jedem. Das ist ein besonderer Festtee, der jiddisch »a literarish glez'l tay« heißt, ein *literarisches* kleines Glas Tee.
Man kann Latkemischung auch in Paketen kaufen. Dann braucht man nur Wasser dazuzugeben und die Masse vor dem Backen etwas stehenzulassen. Wenn Sie keinen Mixer haben, möchten Sie vielleicht nicht riskieren, Ihre Knöchel an der Reibe zu verletzen. Die Bluttropfen verändern zwar weder den Geschmack noch das Aussehen Ihrer Latkes, machen sie aber zu einer sehr sündhaften Speise.

Rabbi Blues durch und durch moderne Latkes

Ich habe keine Frau, aber einen starken Mixer. Das beeinflußt meine Latkes:
Schälen Sie 4 große Kartoffeln (ungefähr 680 g) und 1 kleine Zwiebel. Schneiden Sie beides in Stücke, und verarbeiten Sie es im Mixer. Gießen Sie die Mischung in einen mit einer Serviette ausgelegten Durchschlag und lassen Sie sie abtropfen, bis sie etwa wie dicke Sahne ist. Je weniger flüssig der Teig, desto leichter die Latkes. Dann ein geschlagenes Ei, einen Teelöffel Salz, eine Prise Pfeffer und einen Eßlöffel Backmehl dazu. Braten wie oben.

Gebackener Latketeig

Beide Mischungen können in einer mit Öl ausgestrichenen Kuchenform gebacken werden. Die Konsistenz ist anders, aber der Geschmack sehr gut. Ich würde allerdings noch einen Eßlöffel Öl, ein geschlagenes Ei und einen weiteren Eßlöffel feineres oder gröberes Mehl hinzufügen. Der Kuchen braucht etwa 1½ Stunden bei 180° C (Gas 4). Fetten Sie die Kuchenform gut ein. Wenn man Eiweiß und Eigelb getrennt zugibt, wird der Teig leichter. Zuerst das Eigelb und dann das geschlagene Eiweiß. Aber dafür brauchen Sie Schüsseln, Schläger und mehr Geduld.

Das christliche Problem: Jüdische Weihnachtsgäste

Meiner Erfahrung nach geben die meisten Juden selbst kein Weihnachtsessen, aber sie lassen sich gern dazu einladen. Die Juden haben ein Sprichwort: »Zwei Juden – drei Meinungen«. Und jeder Jude hat seine besondere Traditionsvariante. Seien Sie taktvoll und natürlich und trauen Sie Ihrem eigenen Urteil. Alle werden erleichtert sein. Wenn Ihre jüdischen Gäste sehr strenggläubig wären, kämen sie erst gar nicht. Sie können z. B. die Schinkenröllchen fortlassen und statt Gehacktem eine Maronenfüllung verwenden. Wenn Weihnachtslieder gesungen werden, vermeiden Sie solche mit häßlichen Anspielungen auf die Pharisäer. Es sind zwar die »Bösewichter« Ihrer Überlieferung, aber die Heiligen und Märtyrer in der Tradition Ihrer Gäste. Diese werden ohnehin ihre Probleme haben. Sollen sie schweigen oder vergnügt und ohne Hemmungen mitsingen? Da die Juden im Herzen extrovertiert sind, wie jeder weiß, der je in der

Nähe einer Synagoge gewohnt hat, wird sie das sehr verlocken. Sie werden schließlich mitsingen, aber die Schlüsselworte verschlucken. Die Lieder werden dadurch einen eigenartigen Effekt bekommen, wie die Musik von Henze.
Seien Sie verständnisvoll! Was würden Sie in einer frommen Hindugesellschaft tun, bei der ein Götze gütig auf Sie hinunterblickt? Für solche Situationen gibt es kaum entsprechende Anleitungen. Sie können sich nicht auf das Götzenbild stürzen wie ein Prophet in alten Zeiten. Sie können es nicht wie ein frühchristlicher Märtyrer verfluchen. Es ist schwierig, aber betrachten Sie sich als Pionier einer pluralistischen Gesellschaft.
Warum nicht für Juden und alle anderen religiösen Minderheiten, Moslems, Sikhs und Buddhisten, eine vegetarische Alternative anbieten? Aber lassen Sie Ihre Gäste selbst wählen und vor allem, machen Sie keine Bemerkungen. Stellen Sie eine Flasche Apfel- oder Traubensaft zwischen die Weinflaschen und überlassen Sie die Wahl Ihren Gästen.

Variationen über den Weihnachtspudding

Denken Sie daran, daß ein Weihnachtspudding mit Nierentalg Fleisch ist und daß er mit Alkohol zubereitet wird. Der Talg ist Fleisch und daher Sikhs und Hindus verboten, und Alkohol ist Moslems verboten. Da der Pudding aber ein wirklich köstliches Gericht ist, gebe ich hier meine Lösung. Ich bekam dies Rezept für den schwersten Pudding, den ich kenne, von einer Freundin. Er enthält nicht einmal Mehl. Sie selbst hatte das Rezept von ihrer Großmutter, die ausgesprochen vor-pluralistisch war. Ich gebe das Original und eine ökumenische Version für Minderheiten. Wenn es Juden sind, brauchen Sie den Weinbrand nicht wegzulassen.

Großmutter James' Weihnachtspudding

680 g Rosinen
225 g Korinthen
225 g gemischte kandierte Schale
340 g geriebenes Brot
340 g Nierentalg
8 Eier
1 Weinglas Weinbrand

Die Rosinen entsteinen und halbieren, das Nierenfett fein zerkleinern. Alle trockenen Zutaten mischen und mit den gut geschlagenen Eiern befeuchten, dann den Weinbrand zufügen und die Mischung in Formen drücken und verschließen. Die Formen müssen 5–6 Stunden kochen oder 19 Stunden in Dampf garen.

Die Variationen

Für Juden, Moslems, Sikhs, Hindus und Buddhisten lassen Sie das Nierenfett weg und verwenden statt dessen ein vegetarisches Äquivalent. Statt des Weinbrandes nehmen Sie Rum- oder Weinbrandessenz ohne Alkohol. Wenn Sie den Geschmack von Mandeln lieben, nehmen Sie Ratafia-Essenz oder sehr wenig Bittermandelöl.
Beim Abbrennen können Sie nicht viel ändern. Alles Öl des mittleren Ostens ist kein Ersatz für Kochweinbrand.

Stollen

Wenn Ihnen der Weihnachtspudding zu schwer ist, warum versuchen Sie es statt dessen nicht einmal mit einem deutschen Rezept? Es ist viel leichter verdaulich und sehr einfach zu machen. Sie können es im letzten Augenblick zubereiten. Es enthält Quark, den die meisten Deutschen und Juden gern mögen, weil beide Käsekuchen lieben. Ich bekam es als Hanukahgeschenk von einer deutschen Dame, die ich beim Gebet in einem Karmelkloster traf. Sie hatte es von einem Flüchtling aus Mitteleuropa. Auf diese Art reisen gute Rezepte, unberechenbar wie alle Gaben des Heiligen Geistes.

Es ist ein Stollenrezept, das jeder Junggeselle und jede gehetzte Hausfrau machen kann. Der Stollen ist ein ausgesprochenes Weihnachtsgebäck, aber er erfordert nicht sehr viel Geduld und Mühe. Unterbrechungen durch Telefonanrufe und Veränderung der Zutaten in letzter Minute schaden ihm nicht. Sie können es noch am Weihnachtsabend machen, wenn die Weihnachtssänger schon an der Tür und Sie in der Küche voll beschäftigt sind.

Sieben Sie folgende Zutaten in eine Schüssel. Einmal vergaß ich das Sieben, aber es machte keinen großen Unterschied:

Einfacher Stollen

2 Tassen Backmehl
1 Teelöffel Backpulver
1 Prise Salz
½ Teelöffel Zimt
½ Tasse Zucker
1 Teelöffel gemischte Gewürze
1 Dessertlöffel Mondamin

Nun reiben Sie 55 g im Kühlschrank hartgefrorene Margarine und ebenso 115 g hartgefrorenen Quark mit einer groben Reibe in die Schüssel. Reiben Sie auch etwas Zitronenschale hinzu.
Geben Sie 170 g Rosinen oder Sultaninen und gemischte kandierte Früchte oder eine Mischung von allem und einige geschnittene Mandeln hinzu.
Jetzt ist die Zeit für die flüssigen Zutaten:

1 großes Ei
2 Eßlöffel Milch
1 Eßlöffel Rum oder Weinbrand
2 Teelöffel Zitronensaft
1 Teelöffel Vanille

Mischen Sie gut mit einem Holzlöffel, und kneten Sie es dann mit den Händen. Auch Köche müssen wie Künstler gelegentlich das Werkzeug beiseite legen und die Dinge mit den Händen direkt bearbeiten. Wie die Liebe ist auch das Kochen nicht zimperlich, und es ist anspruchsvoll wie die Religion. Wenn der Teig zu feucht ist und an den Händen klebt, geben Sie noch etwas Mehl hinzu.
Machen Sie aus dem Teig eine Kugel, und legen Sie diese auf ein gefettetes Backblech. Formen Sie eine flache Rolle daraus, und biegen Sie die Enden, so daß der Teig wie eine Mondsichel aussieht. Backen Sie ihn im warmen Ofen, etwa 50 Minuten (ca. 150° C, Gas 3–4). Der Stollen soll hellbraun sein. Solange er noch heiß ist, mit etwas harter Margarine einreiben und mit Puderzucker bestreuen. Auch farbiger Zucker sieht hübsch aus.
Als ich einer deutschen Dame davon erzählte, war sie entsetzt. Sie sagte: »Zum Stollen muß man Hefe nehmen.« Wir sprachen darüber, während sie meinen hefelosen Ersatz verzehrte: »Es kann unmöglich richtig sein«, sagte sie, während sie die letzten Krumen zusammensuchte, »unmöglich!«.

Ein maltesischer Weihnachtsabend

June Rose

Der Weihnachtsabend im Hospiz der Zionsschwestern im Herzen Londons begann im privaten Wohnzimmer der Schwestern bei einer Tasse Tee am elektrischen Ofen. Der Christbaum war geschmückt mit Lametta und Kerzen, die aber noch nicht angezündet waren, an seinem Fuß lagen kleine, hübsch eingewickelte Päckchen mit Lieblingsmarmeladen oder Luxusseife. Unser Gespräch verlief ruhig in einer Atmosphäre der Erwartung. Kurz vor Mitternacht ging die kleine jüdische Gruppe, zwei Rabbiner, zwei Studenten, eine christliche Freundin und ich in die Kapelle. Man hatte uns hinten im Raum Plätze reserviert. Meßbücher und Blätter mit Weihnachtsliedern lagen auf unseren Stühlen. Die schlichte Kapelle war hell erleuchtet, das Silber auf dem Altar glänzte, und alle Schwestern schienen vor Frömmigkeit zu strahlen.

Wir Juden beteiligten uns am Gottesdienst, mußten aber nicht knien – was für mich persönlich eine Erleichterung war. Feierlich trat der Priester ein, in weißen, grünbestickten Gewändern. Als wir in der Messe zu der Stelle kamen, wo es heißt: »Laßt uns einander ein Zeichen des Friedens geben«, kamen die Schwestern zu uns, küßten uns auf die Wange und sagten »Schalom«, das hebräische Wort, das »Frieden« bedeutet und die alltägliche Begrüßung in Israel ist.

Ich hatte vorher noch nie einer Messe beigewohnt, und die schlichte Aufrichtigkeit und begeisterte Gläubigkeit der Schwestern rührte mich. Einmal war ich an Weihnachten in der Mitternachtsmesse in St. Paul und einmal sogar bei der Heiligabendfeier in der schönen strengen Kathedrale von Ely gewesen. Und als ich in Israel lebte, war ich in der Verkündigungskirche in Nazaret als Reporterin »vom Dienst«. Aber das waren jedenfalls für mich mehr öffentliche Schauspiele als persönliche Frömmigkeitsakte. In der Kapelle der Zionsschwestern wurde mir zum ersten Mal in meinem Leben bewußt, daß Weihnachten ein religiöses Fest ist.

Meine Mutter, die aus einer orthodoxen jüdischen Familie stammte, »hielt« in meiner Kindheit Weihnachten für unsere Nanny (Kindermädchen). Als religiöser Mensch konnte sie sich vorstellen, wie sehr Nanny das Fest vermißt hätte. Wir rührten also als Kinder Wochen vor Weihnachten den Teig und taten drei Wünsche, wenn Nanny ihren Weihnachtspudding machte, und leckten dann die Schüssel aus. Am Weihnachtsabend hingen wir unsere Strümpfe heraus. Die allerersten Worte, die mein Bruder sagte, waren einer Familienüberlieferung nach: »Nanny, Nanny, Weihnachten ist da!« Wir stürzten uns auf den großen gebratenen Truthahn und den brennenden Weihnachtspudding mit den Sixpence-Stücken und freuten uns in wilder Aufregung über die Geschenke am Baum. Wir kannten die ganze Weihnachtsverpakkung, aber von dem Inhalt wußten wir nichts. – Nebenbei bemerkt, diese Nanny blieb fünfzehn Jahre in unserer Familie und half mir als Kind die englische Übersetzung der Passahgebete papageienhaft lernen. Aber dieser schlichte Gottesdienst am Weihnachtsabend mit den Schwestern war neu für mich, eine wunderbare Erfahrung, weit entfernt von dem fröhlichen Überschwang meiner Kindheit.

Eine der Schwestern sagte: »So muß es sein«, und ich glaube, wir fühlten das alle. Nach dem Gottesdienst wurden Gläser mit Rotwein angeboten und heiße *Imq'aret,* eine Malteserart Fleischpastete, die es nur am Weihnachtsabend gibt. Ihr Geheimnis lernte ich später von Schwester Mary.

Schwester Mary kommt nämlich von Malta, und für sie sind Religion und Kirchenbesuch ein so natürlicher und selbstverständlicher Bestandteil ihres täglichen Lebens wie die Mahlzeiten. Sie ging schon als kleines

Kind in ihrem Dorf auf Malta in die Messe. Als sie dann in die Schule kam, weckte ihr Vater sie frühmorgens, damit sie in der Dorfkirche zur Messe gehen konnte, bevor der Unterricht begann. Sie erklärte mir, wie sie versucht, ihre Liebe zur Kirche an ihre Schüler weiterzugeben.

»Ich gehe jeden Teil der Messe durch und vergleiche ihn mit den Vorbereitungen für ein Familienessen«, sagte sie. »Die Messe bringt Menschen in der Kirche zusammen, und wir vereinigen uns alle, um am Mahl teilzunehmen.«

Schwester Mary ist eine kleine, dunkelhaarige Frau mit Brille. Sie lehrt Hauswirtschaft und Kochen, aber sie versteht es, ihrem Unterricht eine religiöse Note zu geben.

»In dem Evangelium benutzt unser Herr immer ein Mahl, um die Menschen zusammenzuführen, z. B. nach der Bergpredigt. Die heilige Eucharistie ist Nahrung für die Seele und nachher wollen wir dann auch Nahrung für den Leib. Wir lassen der Messe immer einen kleinen Imbiß folgen, den wir miteinander teilen und an dem wir uns freuen können.«

Aber das Kochen, das Schwester Mary an der Schule lehrt, gibt ihr nicht den Spielraum, Dinge wie Imq'aret oder Dattelschnitten zu machen. Hier ist ihr Rezept:

Dattelschnitten

455 g Mehl
1 Eßlöffel Orangenblütenwasser, reichlich
1 Eßlöffel Fett oder Butter
1 Eßlöffel Zucker
340 g entsteinte Datteln
1 Eßlöffel Anisett, reichlich
die abgeriebene Schale einer Orange oder Zitrone

Der Teig:

Mehl und Fett mischen, den Zucker zugeben und gut verkneten. Mit Anisett und Orangenblütenwasser anfeuchten und in lange dünne Streifen ausrollen.

Die Füllung:

Die Datteln anwärmen und gut zerdrücken, mit der Orangen- oder Zitronenschale vermischen, etwas Anisett und Orangenblütenwasser dazu und alles zusammenstampfen.
Die Dattelmischung auf den Teig verteilen und mit Teig bedecken. Schneiden Sie das Gebäck in viereckige Päckchen, die Sie an den Rändern mit nassen Fingern zusammendrücken. In heißem Öl ausbacken. Reichlich Staubzucker darüber streuen und auf einer heißen Platte im Ofen warmhalten. Sie sind ein köstlicher Imbiß zum Weihnachtsabend mit billigem Rotwein oder Glühwein. Gelegentlich findet man in England auch Wein aus Malta. Achten Sie auf Namen wie Lachrymae Vitis oder Marsovin.
Ende Juni feiern die Malteser ein ungewöhnliches Fest, das seine ganz besondere Würze hat: das Fest von Peter und Paul. Der heilige Paulus ist der Schutzheilige der Insel, weil er als Schiffbrüchiger dort landete. Für viele Malteser ist es eine Nacht nationalen Sports. Manche Leute jagen die ganze Nacht mit weißen und gelben Hunden. Der Himmel ist von sprühenden Feuerwerkskörpern erhellt, und am Tag strömt die Menge zu den Rennen. Ein nationales Festessen ist:

Geschmortes Kaninchen

Geschmortes Kaninchen ist ein volkstümliches Gericht, das überall in den Ortschaften der Insel langsam in der Abendkühle kocht. Hier das landesübliche Rezept:

ein mittelgroßes Kaninchen
115 g Fett, Butter oder Margarine
1 kleine Dose Tomatenmark
1 kleine Dose geschälte Tomaten
1 Lorbeerblatt
455 g Zwiebeln
145 ml Rotwein
Salz und Pfeffer nach Geschmack
1 Prise Zucker

Das Kaninchen in große Stücke zerlegen und in Fett oder Butter braten. Wenn es gar ist, in einer Schüssel beiseite stellen.
In der Zwischenzeit die Zwiebeln hacken und im Bratfett bräunen. Dann Tomatenmark und ein Lorbeerblatt dazugeben (die Malteser können natürlich außerdem auf ihrer Insel noch dazu frische, aromatische Kräuter sammeln), die Tomaten aus der Dose, eine gute Prise Zucker und Rotwein, um die Tomatensauce fertig zu machen, Salz und Pfeffer nach Geschmack. Auf kleiner Flamme eine Zeitlang leise kochen lassen, dann das gebratene Kaninchen hineingeben. Gründlich erhitzen.
Auf Malta wird das Gericht mit Spaghetti serviert. Man kann es natürlich auch mit Reis und Kartoffeln anrichten.

Kavalli (Makrele)

Es ist ein billiges, fleischloses Gericht von der Insel. Sie brauchen:

455 g Kartoffeln
3–4 mittelgroße Tomaten
Zitronensaft

Pfefferminz
Öl
Semmelbrösel
Petersilie
eine mittelgroße Makrele

Die Kartoffeln schälen und in dünne Scheiben schneiden, die Tomaten abziehen und ebenfalls in Scheiben schneiden. Den Boden einer gefetteten Backform mit Kartoffeln und feingehackter Petersilie auslegen. Pfefferminze und Öl darübergeben. Die Makrele mit Semmelbrösel und feingehackter Petersilie füllen, mit reichlich Zitronensaft und Wasser bedecken. In mäßig heißem Ofen backen (180° C, Gas 4). Die Garzeit hängt von der Größe des Fisches ab. Rechnen Sie etwa 10 Minuten je Pfund und 15 Minuten dazu. Makrele wird leicht trocken. Begießen Sie Ihren Fisch also ab und zu. Wenn der Fisch fertig ist, ist er mit dem Geschmack von Pfefferminz, Kartoffeln und Tomaten durchzogen.

Verliert die Christenheit den Geschmack an ihrer Religion?

Lionel Blue

Ich war sehr überrascht, als ich zum ersten Mal die Evangelien las. Sie enthalten viele Berichte über Heilungen und Essen, aber anscheinend nur wenig Lehre. Ich hatte gar nicht gewußt, wie jüdisch sie sind.

Da ist die Hochzeit von Kana, Mahlzeiten mit den Pharisäern, Speisung von Massenversammlungen, Geschichten von gemästeten Kälbern, selbstverständlich das Letzte Abendmahl und meine Lieblingsgeschichte, die Johannes am Schluß seines Evangeliums erzählt: der gebratene Fisch zum Frühstück am Ufer des Sees, zusammen mit dem auferstandenen Christus. Ich habe die Geschichte nie ganz verstanden.

In keiner anderen Religion steht ein Akt des Essens so im Mittelpunkt wie im Christentum. Es ist für Juden oder Moslems ein schockierendes Erlebnis, die Christen bei einer Eucharistiefeier zum Kommunionempfang nach vorne gehen zu sehen. Gott vermittels Nahrungsaufnahme begegnen zu wollen, ist ein unvorstellbarer Gedanke. Es ist der schmale Grat, der tiefste Frömmigkeit von Blasphemie trennt.

Ein weiteres Rätsel für Nichtchristen ist die Art und Weise, wie ein Geist der Gemeinschaft erweckt wird und sich dann verflüchtigt. Er scheint nicht in die alltägliche Welt außerhalb der kirchlichen Liturgie zu gelangen. Die Menschen gehen aus der Kirche, ohne sich die Hand zu geben, ohne ihre religiöse Gemeinschaft mit Essen und Trinken fortzusetzen. Jüdischen Festen und Feiern folgt Kiddusch, eine Party mit Wein und Keksen, und den Gottesdiensten der Sikhs ein gemeinsames Mahl. Im Christentum scheint wenigstens für den Außenstehenden der Geist keine Verbindung mit der Welt zu haben – es ist, als ob die Gangschaltung des Wagens nicht funktioniert. Das war nicht immer so. Die hl. Monika brachte im 3. Jahrhundert einen Korb Essen mit in die Kirche und

wurde gerügt, weil sie noch an provinziellen Bräuchen hing... Heute besteht ein tiefes Bedürfnis, die alte Sitte der Agape – des Liebesmahles – wieder aufleben zu lassen, wenn auch nur in der Form einer harmlosen Teegesellschaft. Schließlich ist das Brot des Himmels doch verwandt mit Kuchen und Scones* und eine Hostie mit dem ungesäuerten Brot der Juden.
Die römisch-katholische Kirche hat durch die Veränderung des Meßritus den Mahlcharakter deutlicher gemacht. Zwar ist es ein göttliches Mahl, aber der Priester wäscht sich vorher die Hände und reinigt nachher die Gefäße. Dadurch sind die einfachsten Haushaltungspflichten und -arbeiten aufgewertet und geheiligt.

Das verlorene Menü des Letzten Abendmahles

In den Evangelien wird erzählt, daß Jesus während des Mahles mit seinen Jüngern das Brot brach und dann den Wein trank. Die Theologen streiten noch immer über die Art des Mahles. War es ein Passahmahl oder ein Vor-Passahmahl? Wegen der Palmen und Hosannarufe haben manche den Einzug nach Jerusalem sogar in die Zeit des jüdischen Erntefestes verlegt. Das würde die Reihenfolge der Ereignisse jedoch schwierig machen.
Meiner Ansicht nach deuten die Evangelien direkt auf ein Passahmahl, und nach Lukas scheint der Wein, den Jesus trank, das dritte Glas der Erlösung zu sein, das nach der Beendigung des Mahles getrunken wird. Im ersten Teil der Liturgie des jüdischen Passahfestes wird vor dem Essen die Exodusgeschichte erzählt, und

* Scones sind ein brötchenartiges, mit Backpulver gebackenes Gebäck zum Tee, das heiß gegessen wird.

im zweiten Teil der Liturgie nach dem Mahl wendet man sich von der Vergangenheit ab und der Zukunft zu. Man blickt auf eine Erlösung, die noch kommen soll. Das ist an dieser Stelle der Evangelien einleuchtend.

Die Speisenfolge des wirklichen Mahles mit einiger Sicherheit zu rekonstruieren ist schwer, wenn nicht unmöglich, weil sich die jüdische Tradition seit der Zerstörung des Tempels sehr verändert hat. Zum Beispiel wird in jüdischen Häusern heutzutage am Passahfest kein Lamm mehr gegessen wie damals. Es würde einer Wiederaufnahme des Tempelopfers zu sehr ähneln. Heute liegt nur ein kleiner Lammknochen auf dem Tisch – Erinnerung an eine vergangene Zeit.

Hier einige einfache, heute gebräuchliche Passahgerichte, die aber auf die eine oder andere Weise doch in die ferne Vergangenheit weisen.

Ungesäuertes Brot und Eier

In ein grobes Sieb legt man 4 Scheiben Matzen und läßt heißes Wasser darüber laufen, bis sie durchtränkt und abgetropft sind – das Wasser vorsichtig ausdrükken. In einer Schüssel 4 Eier und 1/2 Teelöffel Salz schlagen und den eingeweichten Matzen dazugeben. Der Matzen zerbricht in große, unregelmäßige Stücke.

Etwas Öl und Butter in einer Pfanne erhitzen und den Grill einschalten. Wenn das Fett raucht, Eier und Matzen in die Pfanne geben. Wenn die Masse unten braun ist, die Pfanne unter den Grill stellen und die Oberseite ebenfalls bräunen. Das gebräunte Omelett vorsichtig auf eine Platte gleiten lassen (versuchen Sie nicht, es zusammenzufalten). Zucker und Zimt darüberstreuen. In Stücke schneiden und mit Zitronenscheiben servieren.

Charoset: der Mörtel, den die Kinder Israels in Ägypten beim Bau der Pyramiden für den Pharao verwendeten

Am Passahfest wird in jüdischen Häusern die Exodusgeschichte nicht nur erzählt, sondern am Tisch auch wieder erfahren. Die Ägypter verbitterten den Kindern Israels das Leben und heute verbittern die Juden ihren Mund, indem sie einen Eßlöffel Meerrettich schlucken. Die Liturgie beschreibt die Sklaverei ihrer Vorfahren und ihre Leiden beim Bau der Schatzstädte der Pharaonen. Darum essen die Juden heute *Charoset,* das sie an den Mörtel erinnert, den ihre Vorväter verwendeten. Merkwürdigerweise ist der Mörtel eine einfache Süßigkeit, die der Bitterkeit des Meerrettichs entgegenwirkt.
Man schält, entkernt und reibt 3 Eßäpfel, vermischt sie mit 115 g geriebenen Mandeln, einigen gehackten Rosinen und vielleicht noch ein paar gehackten Walnüssen. 1 Eßlöffel Zucker und 1 Teelöffel Zimt hinzugeben. Alles mit etwas Rotwein anfeuchten, bis man eine dicke Paste erhält. Sie schmeckt köstlich auf Matzen.
Man kann auch alle Zutaten auf einmal in einen Mixer tun und drei- oder viermal schnell ein- und ausschalten. Das ist am einfachsten.

Käsekuchen der vierten Generation

Weil während der Passahwoche alle Treibmittel verboten sind und man kein Mehl gebrauchen darf, ist es schwer, einen Kuchen zu backen, der aufgeht. Es ist überhaupt schwer, einen Kuchen zu backen. Um mit dieser Situation fertig zu werden, hat jede jüdische Familie ihr eigenes Patent. Eine Freundin, deren

Familie 1938 ihren eigenen Exodus aus Österreich bewerkstelligen mußte, erzählte mir, daß sie dieses Passahrezept mindestens vier Generationen in ihrer Familie zurückverfolgen kann. Es ist sehr einfach und leicht zu merken – es enthält kein Mehl, und man braucht von allen Zutaten je vier:

4 oz Quarkkäse(115g)
4 oz weiche, aber nicht geschmolzene Butter
4 oz geriebene Mandeln
4 oz Staubzucker
1 kleines Paket Vanillezucker
4 mittlere Eier

Trennen Sie Eigelb und Eiweiß. Mischen Sie die ersten vier Zutaten mit dem Eigelb. Schlagen Sie das Eiweiß steif und ziehen Sie es leicht unter den Teig. Geben Sie den Teig in eine gefettete Kuchenform und backen Sie 40 Minuten bei ca. 200° C, bei Gas leider nicht 4, sondern 6. Hitze abstellen und den Kuchen im Ofen erkalten lassen. Gehen Sie vorsichtig mit ihm um – er enthält weder stützende Treibmittel noch Mehl. Nach dem Backen mit Vanillezucker bestreuen.
Anmerkung: Zahlen haben in der jüdischen Mystik Personalität und geheime Verbindungen. Beim Passahritus werden z. B. von einem Kind vier Fragen gestellt. Während der Mahlzeit werden vier Gläser Wein getrunken, denn in der Exoduserzählung gibt es vier verschiedene Worte für Erlösung. Und in einem Passahlied, das bei Tisch gesungen wird, heißt es: »Das jüdische Volk hat vier Stammütter« – Sarah, Rebekka, Rachel und Lea. Die Reihenfolge ist merkwürdig, aber Lea war zwar Jakobs erste Frau, Rachel jedoch seine erste Liebe.

Sinnenhafte Bräuche der Christenheit

Die Christenheit hat sich in neuerer Zeit zu ausschließlich mit Ideen und Techniken beschäftigt. Aber wie der Geist muß auch der Leib das Wirken der Religion spüren, und die Christenheit ist in Gefahr, dieses Zusammenspiel zu verlieren. Jahrhundertealte Überlieferungen sind verlorengegangen. Diese Traditionen ermöglichten es, das Leben Jesu nachzuempfinden und ein Gefühl für sein Evangelium zu vermitteln. Aber auch wo die überlieferten Bräuche noch bestehen, sind sie nicht mehr lebendig, weil man ihren Sinn nicht mehr versteht.

Hier einige Bräuche, die, wenigstens bis heute, überlebt haben.

Am Fest der Verkündigung schenkten die Kinder ihren Müttern üppige Früchtekuchen.

Die Kinder bekamen nach der Kommunion am Heiligen Abend als Erinnerung an den Hahn, der mit seinem Krähen die Geburt verkündete, Hühnersuppe.

Mince Pies sollten nicht rund, sondern länglich sein, denn sie sind die Krippe, und Jesus ist die süße Füllung.

Die Zutaten des Weihnachtspuddings bedeuteten nach der Überlieferung einer Dame die drei Weisen und ihre Gaben. Die Gewürze erinnern an die Myrrhe, der Brauch, Münzen einzubacken, an das Gold und der brennende Alkohol an den Weihrauch, der verbrennt. In den Kuchen zur Epiphanie finden sich ähnliche Zutaten.

In Yorkshire wurden am Gründonnerstag von den Hausfrauen Kuchen gebacken, die bis zum Gründonnerstag des nächsten Jahres aufbewahrt wurden. Das Rezept garantierte, daß sie frisch blieben und nicht verdarben. Diese Kuchen wurden zu Ehren der Eucharistie beim Letzten Abendmahl gebacken, und

nach der Überlieferung brachten sie dem Haus, in dem sie aufbewahrt wurden, Segen (sie wurden in der Küche an der Decke aufgehängt).
Am Karfreitag ißt man noch heute Rosinenbrötchen in Kreuzform. Sie gehören zu den wenigen christlichen Speisen, die man noch in den Bäckerläden und Supermärkten kaufen kann. Mir als Juden ist es nicht ganz klar, warum fromme Christen an einem solchen Tag Rosinenbrötchen essen wollen, es scheint nicht ganz passend.
Um Ostern gruppiert sich eine ganze Reihe theologischer Speisen. Jeder Teil des Ostereis ist vollgepackt mit Theologie. Das Eigelb ist der gekreuzigte Leib Jesu, das Eiweiß bedeutet seine Grabtücher, und die Schale das Grab. Das Zerschlagen des Ostereis hieß also, die Auferstehung zu erfahren und zu verkünden. Die Kinder wurden in den Garten geschickt, um die Ostereier zu suchen. Aber wissen sie, daß sie damit die Suche Maria Magdalenes im Garten wiederholen: »Sag mir, wohin du ihn gelegt hast«?
Auch auf dem Simnelkuchen finden wir alle österlichen Symbole aus Marzipan. Es ist ein Hefekuchen aus dem feinsten Mehl, »simila« auf lateinisch.
Das sind allgemeine Bräuche. Aber viele Gemeinschaften haben ihre eigenen Überlieferungen. Eine Karmelitin erzählte mir, daß die modernen Nachfolger der hl. Theresia am Weihnachtsmorgen heiße gewürzte Bratäpfel mit einem besonderen Karamel machen. Es ist ein altes Rezept, das von »unseren ersten spanischen Müttern« stammt. Jetzt wird es, glaube ich, nicht mehr gemacht. Es ist nicht leicht, in den Küchen von Klausur-Orden Nachforschungen anzustellen. Diese Bräuche ändern sich in der Tat, und ich weiß nicht, wie viele dieser Speisen es heute noch gibt. Menschen, die heute noch leben, kosteten und kannten diese Speisen. Aber machen Hausfrauen heute noch Gründonnerstagskuchen?

Ein Symbol der Auferstehung

In der russisch-orthodoxen Kirche wird an diesem Symbol – einem süßen – ganz streng festgehalten. Stücke von Pashka, einer Art Käsekuchen, werden zur Ostermesse wirklich mit in die Kirche genommen und gesegnet. Wenn die Gemeinde nach Hause geht, wird etwas Pashka gegessen, um das Fasten zu brechen. Es ist, wie andere religiöse Gerichte auch, nicht schwierig zu machen, und man macht besser viel davon – es ist nur wenig Mehrarbeit. Obwohl es sehr fett ist, können die Leute große Mengen davon verzehren. In Rußland wird es mit einem besonderen Hefekuchen serviert, der jede Übelkeit nimmt. Ein leichter Biskuit würde es auch tun.

In einem Kochtopf mischt man die folgenden Zutaten:

1820 g gesiebten Quarkkäse (wenn Sie keine Zeit zum Sieben haben, macht es auch nichts).
225 g ungesalzene Butter
280 ml sauren Rahm
10 Eier mit 455 g Staubzucker geschlagen
1 Teelöffel Vanilleessenz
55 g gehackte Mandeln
115 g gehackte Orangeade, Sukkade und kandierte Früchte

Die Zutaten im Topf unter dauerndem Rühren leicht erhitzen. Wenn es anfängt zu dampfen, vom Feuer nehmen. Die Masse darf nicht kochen, sonst gerinnt sie.

Ein grobes tiefes Sieb oder einen kleinen sauberen Blumentopf mit einem sauberen Tuch (Serviette oder Windel) auslegen und die Mischung hineingießen. Das Wichtigste sind die Löcher im Durchschlag oder Blumentopf. Keine Angst, wenn es Ihnen etwas zu flüssig scheint.

Zum Abtropfen stellen Sie das Sieb oder den Blumentopf auf eine Schüssel. Das Tuch über der Masse zusammenschlagen und beschweren. Ein Beutel mit alten Pennies eignet sich hervorragend dafür. Stellen Sie das Sieb auf der Schüssel für 24 Stunden in den Kühlschrank. Die süße Flüssigkeit tropft ab, und der Pashka wird fest.
Vorsichtig herausnehmen und auf eine Platte stürzen. Die Russisch-Orthodoxen schreiben »XB« darauf, d. h. »Christ ist erstanden«. Manchmal wird der Käsekuchen mit einem Engel verziert gleich jenem, der am leeren Grab erschien, und er sieht so schön aus, wie er schmeckt.

Ein griechisches Hospiz in Nord-London

June Rose

Es erwies sich als schwierig, in der griechisch-orthodoxen Gemeinde in London jemanden zu finden, der einem Außenseiter die subtilen Beziehungen zwischen ihrer religiösen Erfahrung und ihrer Küche erklären konnte. Mit unendlicher Freundlichkeit gab mich ein Priester an den anderen weiter, bis ich schließlich im Vorort Brondesbury in Nordwest-London Schwester Theodora in ihrem Haus aufspürte. Sie war ganz schwarz gekleidet, von den Spitzen ihrer Pumps bis zu der helmartigen Kopfbedeckung, die an ihrem Habit befestigt war, eine schmächtige, liebenswürdige Nonne mit den edlen Zügen einer griechischen Heroine. Wir führten unsere Unterhaltung mit Hilfe eines griechisch-englischen Wörterbuchs und sehr süßem starken griechischen Kaffee (Rezept siehe Seite 65).

Für die Griechen wird das ganze religiöse Jahr von Ostern her geprägt. Ostern ist ein bürgerliches, nationales und religiöses Fest. Die Glocken läuten drei Tage lang. Nach dem Gottesdienst strömt die Menge in ihrer Volkstracht durch die Straßen, und in einigen Orten führt der Priester am Ostersonntag einen würdevollen Tanz um die Kirche an. Die Lichterprozession in der Nacht und der Geruch von Lamm und Rosmarin bleiben allen Griechen im Ausland ihr Leben lang in Erinnerung.

Vielen jüngeren Leuten ist die religiöse Bedeutung des Festes nicht mehr so klar. Nur Mönche, Nonnen und alte Leute bewahren die strikte Observanz.

»Die Ordensleute essen während der Fastenzeit kein Fleisch und keinen Fisch«, erklärt Schwester Theodora, »wir verwenden auch kein Öl zum Kochen, außer sonnabends und sonntags und am Fest Mariä Verkündigung.« Das ist für Mittelmeerbewohner ein echter Verzicht.

»Laien essen in der Fastenzeit auch Schalentiere – und es gibt köstliche bei uns; Schalentiere haben kein Blut und gelten nicht eigentlich als Fleisch, aber Mönche und Nonnen essen sie trotzdem nicht.

Sehen Sie, in der griechisch-orthodoxen Kirche betrachtet man das Fasten als Mittel, die Leidenschaften zu zähmen und das Herz zu reinigen. Jeder Christ ist ein Athlet, ein olympischer Kämpfer, und in der Fastenzeit trainieren wir uns im Gebet.

Am Palmsonntag schmücken wir unsere Kirchen mit Palmblättern und Zweigen, um uns daran zu erinnern, daß das Volk Jesus beim Einzug in Jerusalem mit Palmen empfing. Die Priester teilen an alle in der Kirche Palmzweige aus. Wir nehmen sie mit nach Hause, rupfen die Blätter ab und trocknen sie sorgfältig. Wir würzen damit unser Essen, Lamm und anderes Fleisch, und wir legen sie als Mottenschutz zwischen unsere Kleider.

Vor dem Karfreitag ist alle Hausarbeit getan und das Essen vorbereitet; an diesem Tag gehen alle zur Kirche.

Am Karfreitag kochen einige Griechen Linsen in Salzwasser mit Karotten, Sellerie, Zwiebeln und etwas Knoblauch. Es ist das Essen, das Maria gekocht haben soll, als Jesus am Kreuz hing.

Aber früh am Sonntagmorgen nach der mitternächtlichen Auferstehungsfeier kommt die Freude. Alle Kirchgänger nehmen nach dem Mitternachtsgottesdienst eine brennende Kerze mit nach Hause, und die Straßen sind voll flackernder Lichter.

In Griechenland bleiben die Menschen die ganze Nacht auf«, erzählt Schwester Theodora weiter. »Wir sitzen mit Freunden und Verwandten im Freien und singen Lieder, während das Lamm, gefüllt mit Herz und Leber, Knoblauch, Zwiebeln, Petersilie, Salz und Pfeffer, langsam am Spieß geröstet wird. Während der ganzen Osterzeit begrüßen wir uns mit den Worten ›Christus ist erstanden‹ und die traditionelle Antwort lautet ›Er ist wahrhaft auferstanden‹.«

An Ostern riecht es überall nach Lammbraten. Im ganzen Land läuten drei Tage lang die Glocken, und überall schlagen die Menschen hartgekochte rot-, grün- und blaugefärbte Eier auf.
»Freunde und Verwandte besuchen sich an den Feiertagen, und es werden Eier, besondere Osterkuchen, alkoholfreie Getränke und Wein angeboten.
In meinem Heimatdorf bewahrt meine Mutter sorgfältig ein hartgekochtes Ei und einen Osterkuchen im Ikonenschrein auf. Sie bleiben das ganze Jahr dort zur Erinnerung an die Auferstehung. Am nächsten Osterfest wirft sie sie nicht in den Abfalleimer, sondern füttert die Vögel damit.«
Schwester Theodora opferte fast zwei Stunden ihres arbeitsreichen Tages, um mir auf englisch theologische und kulinarische Auskünfte zu geben. In diesem kleinen griechischen Refugium in Nordwest-London pflegt sie Patienten: Griechen, die in England Krankenhäuser aufsuchen, Rekonvaleszenten oder Verwandte der Kranken, die außer der ärztlichen Behandlung nicht auch noch die Unterkunft bezahlen können. Im vorderen Wohnzimmer ist eine Puppe in Nationaltracht und ein Bild der Akropolis zu sehen. Damen der griechisch-orthodoxen Kathedrale kommen regelmäßig, um Schwester Theodora beim Kochen zu helfen, Nahrungsmittel zu bringen und die Insassen dieses kleinen privaten Pflegeheims zu besuchen.
Schwester Theodora hatte sich mit siebzehn Jahren entschlossen, Nonne zu werden; vor zweieinhalb Jahren kam sie nach England, um die Sprache zu lernen. »Aber ich bin immer mit Griechen zusammen«, sagt sie lächelnd und versichert mir, daß es ihr ein Vergnügen gewesen sei, mir soviel von ihrer Zeit zu widmen.
Hier ist also ein griechisches Rezept für Lammbraten mit Reis oder Teigwaren, ein Eintopfgericht, das

Abwaschen und Saucenzubereitung überflüssig macht.

Giouvetsi

Eine ganze oder halbe Lammkeule oder eine ganze oder halbe Lammschulter
1–2 Knoblauchzehen
1 Zwiebel
1 Zitrone
1 Dose Tomatenpüree (170 g)
455 g Nudeln, Reis oder Makkaroni
Parmesan- oder Ziegenkäse, wenn Sie ihn bekommen können: Feta oder Casseri

Das Lamm nach Geschmack würzen und Knoblauchscheiben hineintun. Den Ofen auf 220° C (Gas 6–7) anheizen, das Fleisch in die Bratpfanne geben, die Zwiebeln darauf und ½ Stunden braten. Inzwischen die Zitrone auspressen, das halbgare Fleisch damit begießen. Wieder in den Ofen stellen und braten, bis das Fleisch zart und braun ist. Fleisch und Zwiebel aus der Bratpfanne nehmen und warmstellen. Tomatenpüree und heißes Salzwasser in die Pfanne geben, 4 Tassen bei Reis, 6 bei Teigwaren. Dann entweder das eine oder das andere dazugeben und kochen, bis das Wasser aufgesogen ist, ab und zu umrühren. Wenn es Ihnen lieber ist, können Sie die Teigwaren auch vorher kochen und in dem Tomatenpüree mit etwas warmem Wasser aufwärmen.
Nehmen Sie die Nudeln oder den Reis vom Herd und lassen Sie diese 1 oder 2 Minuten mit einem Tuch bedeckt stehen. Dann richten Sie das aufgeschnittene Lammfleisch, die Zwiebeln und Nudeln auf einer Schüssel an und servieren sofort mit geriebenem Käse.

Osterkuchen

Die Griechen brauchen keine Standardmaße. Wie die Hindus benutzen sie Hände, Gläser oder Tassen.

255 g Butter
680 g Mehl
1 Glas Zucker (ich schlage ein Weinglas vor)
1 Glas Orangensaft (auch ein Weinglas)
einige Tropfen Vanilleessenz
geschlagenes Eigelb

Butter, Zucker und Orangensaft mischen, einige Tropfen Vanilleessenz hinzugeben und mit dem gesiebten Mehl zu einem leichten Teig verarbeiten. Den Teig dünn ausrollen und »Osterkuchen« in Form von Fischen oder Kreuzen formen oder einen runden Laib mit einem Kreuz darauf machen. Mit verrührtem Eigelb bepinseln und für 20 Minuten in den Ofen schieben (190° C, Gas 5).

Windeln: Dolmades

In allen griechischen Dörfern wird am Heiligen Abend ein Gericht gekocht, das nicht nur köstlich schmeckt, sondern auch Symbolgehalt hat. Eine Portion Hackfleisch wird mit anderen guten Sachen vermischt und in Kohl- oder Weinblätter gewickelt; sie stellen die Windeln dar, in die das Jesuskind gewickelt wurde.

1 großer Weißkohlkopf
455 g Hackfleisch
2 mittelgroße gehackte Zwiebeln
2 Eier
1½ Löffel feingehackte Petersilie
Salz
Pfeffer

Die Blätter vom Kohlkopf lösen. Wenn die großen zu starke mitlere Stiele haben, schneidet man sie heraus. Die Blätter 3–4 Minuten in kochendem Salzwasser blanchieren. Griechischer Kohl, falls Sie ihn bekommen können, ist viel zarter und braucht nur 1 oder 2 Minuten, um weich zu werden. Fleisch, Reis, Zwiebeln und Petersilie gut zerkleinern, salzen und pfeffern. Man kann auch einen Mixer benutzen. Geben Sie einen gutgefüllten Eßlöffel der Mischung auf jedes Blatt, wickeln Sie die Blätter vorsichtig darum, befestigen Sie sie mit einem Zahnstocher und legen Sie die Päckchen eng nebeneinander in einen Topf oder eine feuerfeste Schüssel, bedecken sie knapp mit kochendem Wasser und lassen sie langsam in mäßig heißem Ofen schmoren.
Dieses Gericht muß vorsichtig und langsam schmoren. Nach ungefähr 1½ Stunden, wenn die Röllchen durch und durch gar sind, werden die beiden Eier mit dem Zitronensaft geschlagen, etwas Flüssigkeit aus dem Topf hineingerührt und dann wieder in den Topf geschüttet. Geben Sie die Flüssigkeit sehr langsam hinzu, damit die Eier nicht gerinnen.

Spargana

Ein anderes »Windelgericht« für den Weihnachtstag ist »Spargana« – »Windeln«. Es ist einfach zu machen und schmeckt köstlich.

455 g Mehl
1 Tasse warmes Wasser
2 Eier
Oliven- oder Pflanzenöl

Alle Zutaten zu einem sehr weichen Teig verarbeiten. Pfannkuchen daraus formen und schnell in Öl backen, aufrollen. Mit einer Schüssel Honig und einer Schüssel Mandeln und Walnüssen servieren.

Griechischer Kaffee (Kafes)

6 Teelöffel griechischer oder türkischer Kaffee
3 Teelöffel Zucker
3 Kaffeetassen Wasser

Kaffee und Zucker in einer griechischen oder türkischen Kaffeekanne oder einem dicken Topf mischen. Das Wasser zugießen und rühren, bis alles gut vermischt ist. Beim Erhitzen ab und zu umrühren, und sobald es anfängt zu kochen und bis an den Rand des Kaffeetopfes gestiegen ist, etwas Kaffee in jede Tasse gießen. Wieder erhitzen und zum Kochen bringen. Sehr vorsichtig wieder etwas in jede Tasse gießen, um den ersten Aufguß, der schon in der Tasse ist, nicht aufzuwirbeln. Wiederholen Sie das Verfahren noch einmal. Sehr heiß servieren. Raten Sie Ihren Gästen, den Kaffee vor dem Trinken etwas stehenzulassen, damit der Kaffee sich setzt. Wo und wann immer Griechen sich treffen, wird dieser Kaffee als Geste der Freundschaft angeboten.
Ein Geheimnis, hinter das ich nie gekommen bin, ist das Rezept für *Maureitsa*-Suppe, die nach der Mitternachtsmesse am Ostersonntag gegessen wird. Sie wird aus den Innereien des Lammes mit feinen Kräutern und Frühlingszwiebeln zubereitet. Jeder Grieche, dem ich begegnete, wußte, wie diese Suppe schmeckt, aber keiner kannte das Rezept.

Die Küche meiner Großmutter

Lionel Blue

Vor dem Zweiten Weltkrieg herrschten die »Bubbes« im Londoner East End. Das waren die jüdischen Großmütter oder Matriarchen, die ihre Familien von der Küche aus regierten. Bubbe Bluestein, die Mutter meines Vaters, löste das Problem des Lebensraums und der sozialen Kontrolle, indem sie ein großes, hohes Haus erwarb und ihre Kinder und die Kinder ihrer Kinder auf den verschiedenen Etagen unterbrachte. Diese »Substruktur« regierte sie von der Küche aus, die hoch oben über allem lag. Zum Lunch waren es oft fünfundzwanzig Personen. Bubbe Goldstein, die Mutter meiner Mutter, war ärmer und konnte sich diese vertikale Lösung nicht leisten. Sie hatte ein kleines Reihenhaus, das diesen Namen kaum verdiente. Den Luxus einer Toilette im Haus hat sie nie gekannt. Ihre Küche hatte keine Fenster, und mein sehr großer Onkel mußte seine Füße beim Schlafen aus dem Fenster hängenlassen.
Die beiden Frauen verkehrten mit der Würde zweier Herzoginnen des Hofs von Versailles miteinander. Sie konnten sich nicht näherkommen, denn Bubbe Bluestein war eine polnische Jüdin und Bubbe Goldstein eine weißrussische. Sie machten dieselben Gerichte, aber mit kleinen Unterschieden. Die eine glaubte an Salz, Pfeffer und Dill, die andere an Zitronensaft und Zucker. Beide verachteten die rumänischen Bubbes weiter unten in der Straße und mißtrauten den holländischen Bubbes um die Ecke, die über alles Pfeffer, gelbes Maismehl und Muskat streuten.
Bubbe Goldstein sorgte für mich, als meine Mutter viele Jahre lang krank war. Zu allem, was ich je geglaubt habe, wurde in ihrer Kellerküche der Grund gelegt, während ich ihr beunruhigendes Jiddisch zu entschlüsseln versuchte, das mit Russisch, Polnisch und Cockney durchsetzt war, all den Ländern ihrer Gefangenschaft.
Ihre Eltern waren in Rußland bei einem antijüdischen

Aufruhr – einem Pogrom – getötet worden. Die jüdische Gemeinde in ihrem Dorf sammelte Geld für eine Fahrkarte, hing ihr einen Zettel um den Hals und brachte sie auf ein Schiff nach England. Es hieß, daß sie dort einen Onkel habe – einen reichen Mann. An Bord traf sie ein anderes Waisenkind, meinen Großvater, und die beiden reisten zusammen nach London. Sie besaßen die Fünf Bücher Mose, vier Rubel und zwei Gebetbücher. Für die vier Rubel kauften sie zwei Töpfe, einen für Milch und den anderen für Fleisch. Mein Großvater wurde Flickschuster. Er verdiente das Geld, und meine Großmutter hielt es zusammen. Er sah bei der Arbeit auf die lebhafte Straße und berichtete ihr von der Welt. In der »Klausur« ihrer Küche dachte sie über alles nach, nahm es auf und betete dafür.

Wenn ich bei ihr in der Küche saß, lief die Geschichte rückwärts. In der Schule betrachtete ich die Vergangenheit mit modernen Augen und fühlte mich überlegen. In der Küche war es umgekehrt. Ich hörte einen mittelalterlichen Kommentar zum modernen Leben. Es dauerte lange, bis ich begriff, daß die Wahrheit auf vielen Wegen zu uns kommen kann. Es gab die kalte Wahrheit des Buchstabierens und Multiplizierens und die wärmende Wahrheit der Hingabe und Frömmigkeit.

Zu gewissen Unternehmungen nahm mich meine Großmutter mit. Donnerstag nachts weckte sie mich; in stockfinsterer Nacht, wenn die Gaslampen ganz klein gedreht waren, gingen wir um den Block und warfen kleine Päckchen in die Briefkästen. Es waren kleine Geld- und Eßpakete, die ärmeren Familien helfen sollten, den kommenden Sabbat zu feiern. Man brachte sie nachts, damit Geber und Empfänger sich nicht begegneten und niemand sich verpflichtet oder beschämt fühlen mußte. Gelegentlich trafen wir andere, in Schal und Dunkel gehüllte Bubbes, die auch von Haus zu Haus tappten. Als ich nach meiner Evakuierung zum ersten Mal ein Bild von einem Engel sah, war ich sehr erstaunt. Wer konnte an ihr allzu süßes Lächeln, an ihr wasserstoffsuperoxydblondes Haar und an ihre Märchenflügel glauben! Meine Engel waren von Kopf bis Fuß solide. Sie waren semitisch, rheumatisch und ohne Taille. Sie würden vielleicht schweben, »wenn der Messias kommt«. Hier in dieser rauhen Wirklichkeit hafteten ihre armen Leiber zu sehr an der Erde.

Meine Großmutter hat in ihrem ganzen Leben niemals richtig Ferien gemacht. Sie besichtigte stattdessen Wohnungen, die zu vermieten waren. Natürlich nicht in armen Gegenden wie Stepney oder Hackney, sondern in den traumhaft eleganten Vierteln wie Hampstead oder Kensington. Mit mir zur Unterstützung ging sie hin, erkundigte sich und besichtigte die Wohnungen. Sie war ängstlich, fasziniert und hatte ein schlechtes Gewissen. Eine solche Wohnung zu mieten wäre ihr in ihren kühnsten Träumen nicht in den Sinn gekommen. Aber ihre Neugier war so stark, daß sie an nichtjüdische Türen klopfen mußte, um einen Blick in so vornehme Leben zu werfen.

Ich glaube nicht, daß dieser Lebensstil sie beunruhigte – ihre Einstellung war streng, aber realistisch. Aber das nicht-jüdische Essen schockierte sie. Sie war entsetzt über blutige Steaks – in der jüdischen Küche wird das Blut sorgfältig abgewaschen –, über unreine Tiere, über Schalentiere – unrein und lebend gekocht. Das alles war für sie barbarisch, schmutzig und rituell unrein. Einmal hörte ich, wie zwei Lehrer meiner Schule über die Wohnungen ihrer ausländischen jüdischen Schüler sprachen. Es waren tolerante Leute, die sich ehrlich bemühten, die seltsame Subkultur zu verstehen, die unter ihnen im East-End von London brodelte. Sie gebrauchten genau die gleichen

Worte, die meine Großmutter für sie hatte. Ich habe es ihr nie erzählt – sie hätte es nicht verstanden, aber ich verstand es. Damals wurde mir bewußt, wieviel Verständnis nötig und warum Versöhnung so wichtig ist.

Um die Küche meiner Bubbe zu verstehen, muß man wissen, daß sie Kapelle und Sakristei in einem war. Wie in einer Prozession schritt die Bubbe zum Wohnzimmertisch, der unser Altar war. Das ist nicht so dahingesagt, sondern die Sprache jüdischer Theologie. Denn zwischen dem Essiggemüse und den Heringen waren der große silberne Kelch mit Wein, das Brot, das gesegnet werden sollte, und die Kerzen zur Heiligung des Sabbats, alles Dinge, die auch der Christ in seiner Kirche findet.

Die Speisenfolge war nicht willkürlich, sie war seit langer Zeit durch Überlieferung geregelt. Und wenn auch die Juden weit fort in den Himmel der »Hamburger« gewandert sind, gibt es doch noch den anderen Himmel, der sie in die Kindheit zurückruft, als die gastronomischen und mystischen Menüs noch vom Festkalender bestimmt wurden.

Ich saß mit baumelnden Beinen auf dem alten Boiler in ihrer Küche und lernte bei rauchenden Pfannen und Teigbrettern Liturgie. Im Februar, zum Fest Ester, gab es Mohnkuchen, und im März verschwanden Brot und Fleischsuppe, das Geschirr wurde gewechselt, es gab Omelett aus ungesäuertem Brot. Im Juni erreichten wir Käsekuchen kauend den Berg Sinai. Das neue Jahr wurde mit Apfel- und Honigpudding begrüßt. Und zum Erntefest im Herbst wanderten wir wie unsere Vorfahren vierzig Jahre durch die Wüste, aufrechterhalten durch Gerichte aus Karotten, Pflaumen, Zimt und Olivenöl. Im Dezember gab es zwar keinen Weihnachtspudding, das einzige, was mir als Kind am Christentum bemerkenswert erschien – Kreuze und Kruzifixe sind furchterregend, wenn man nicht an sie gewöhnt ist. Statt dessen gab es Nußpudding, Latkes und Kuchen.

Wenn man meine Großmutter gefragt hätte, warum sie all das tat, würde sie, glaube ich, die einzig mögliche religiöse Antwort gegeben haben. Sie tat es, weil Gott es wollte. Er hat es durch die heiligen Schriften und die Tradition so angeordnet. Meine Mutter und meine Tanten waren unsicherer und moderner. Sie wußten nicht mehr so genau, was Gott wollte und wie er es bekanntgemacht hatte. Sie sagten, die Speisegesetze seien gesünder, Schweine seien schmutzig und Blut eklig. Sie sagten mir auch, daß Fisch gut sei für mein Gehirn, Karotten für die Augen und Zwiebeln gegen Infektion. Meine Vorstellung von moderner Wissenschaft war merkwürdig unbestimmt, und ich wußte nie, was ich eigentlich glauben sollte.

Als der Krieg ausbrach, wurden all diese verschiedenen Anschauungen zu einem Problem für mich. Mit anderen Kindern aus der Schule stand ich in einer Reihe und wartete darauf, in fremde, nichtjüdische Heime evakuiert zu werden. Als wir uns gerade in Bewegung setzten, stürzten die Bubbes auf uns zu, luden uns Pakete mit koscheren Nahrungsmitteln auf und warnten uns vor Unreinheit, Schweinefleisch und Aalen. Mit Angstgeschrei watschelten meine Bubbes auf mich zu...

Essen für Gläubige

Für meine Großmutter mußte alles Essen zu verlängern sein; es mußte billig sein und den Menschen Hoffnung geben. Ich lebte während der Zeit der Depression und Arbeitslosigkeit bei ihr, und als diese vorüber war, begannen Flüchtlinge aus Deutschland einzutreffen. So wußten wir nie, wen Gott uns am Freitagabend schicken würde.

Wenn unser Essen während der Woche auch eintönig war, am Sabbat gab es immer eine Überraschung, und die Überraschungen meiner Großmutter waren gastronomisch genau richtig. Zum Beispiel bekam die Kohlsuppe einen leichten Weingeschmack durch die dicken Sultaninen, die darin auf- und niedertanzten. Um die Rote-Bete-Suppe im Sommer standen kleine Schüsseln mit grünen Zwiebeln, weißen Kartoffeln, gelbem Eidotter und rotem Paprika. In der Mitte des »Tzimmes«, der gastronomischen Sabbatsensation, gab es immer den unerwarteten Kloß.

Tröstlicher Kohlborschtsch mit Sultaninen

1 Eßlöffel Margarine
1 mittlere Zwiebel gehackt
1 Dessertlöffel brauner Zucker – je nach Geschmack vielleicht noch etwas mehr Zucker
1 kleiner grüner Kohlkopf, fein geschnitten
2 Eßäpfel, geschält und gerieben
1 kleine Dose Tomatenmark
1 große Dose Tomaten
9 Tassen Fleisch- oder Gemüsebrühe (etwa 2 1/4 Liter)
1 Zehe Knoblauch zerdrückt
3 Eßlöffel Sultaninen
Saft einer Zitrone
Salz, Pfeffer

Eine mittlere Zwiebel hacken, mit einem Dessertlöffel braunem Zucker bestreuen und die gezuckerte Zwiebel langsam im Kochtopf braten, bis sie weich und braun ist. Inzwischen einen kleinen grünen Kohlkopf ziemlich fein schnitzeln und zwei geschälte, entkernte Äpfel reiben. Kohl und Äpfel zu der Zwiebel geben und umrühren. Dann eine kleine Dose Tomatenmark oder die gleiche Menge aus der Tube in

den Topf geben und, wenn Sie es mögen, eine zerdrückte Knoblauchzehe. Alles leise zusammen dämpfen lassen, damit sich der Duft entwickelt.
Nun eine große Dose Tomaten hineinrühren und sie dabei mit dem Holzlöffel zerdrücken. Die Gemüsebrühe und den Saft einer Zitrone dazugießen, Salz und Pfeffer nach Geschmack. Wenn alles kocht, 3 Eßlöffel Sultaninen hineingeben; man braucht sie nicht einzuweichen, das tut schon die Suppe. Noch einmal eine halbe Stunde kochen. Jetzt kann man noch mehr Zucker oder Zitronensaft oder mehr Salz und Pfeffer hinzugeben.
Sollte noch ein Schub Flüchtlinge an die Tür kommen, ist das kein Grund zur Sorge. Zwängen Sie noch ein paar Stühle um den Tisch und geben Sie noch mehr Brühe und Tomaten in die Suppe (für Kohl ist es zu spät). Sie werden erstaunt sein, wieviel Trost von Kohl kommen kann, es gibt auch viel mehr Möglichkeiten, ihn zu verwenden, als Sie sich vorstellen können. Man kann sogar Strudel damit machen – nehmen Sie Kohl statt der Äpfel.

Rote-Bete-Borschtsch

Bei dieser Suppe arbeitete sich meine Großmutter fast zu Tode, wenn sie die rohen Rote Bete in den Topf rieb. Mein Mixer erreicht in wenigen Minuten mit gekochten Roten Beten ein genau so gutes Ergebnis. Es war zwar immer ein hübscher Augenblick, wenn der Zitronensaft in die braune Suppe gegeben wurde und sie plötzlich die Farbe änderte und prachtvoll rot wurde. Aber man kann nicht alles haben, und ich ziehe den Fortschritt im Mixer einem Happening vor.
Zerkleinern Sie soviel Knollen, wie Sie brauchen, die Menge hängt von der Stärke Ihres Mixers und der Größe des dazugehörenden Gefäßes ab.

8 mittlere, gekochte, geschälte Rote Bete, oder die entsprechende Menge
8 Tassen (etwa 2 Liter) leichte Gemüsebrühe (kalt, nicht heiß)
2 Tassen (etwa ½ Liter) kalte Milch
Saft und die abgeriebene Schale einer Zitrone
2 Eßlöffel Kristallzucker
½ Teelöffel Paprika
Salz nach Geschmack und eine Prise Knoblauchsalz

Alle Zutaten mischen und nach Salz, Zitronensaft und Zucker abschmecken. Wenn Ihre Flüchtlinge aus dem Land des Fiedlers auf dem Dach kommen, geben Sie von allen dreien mehr dazu. Kaltstellen.
Beim Anrichten stellen Sie Schüsseln mit verschiedenfarbigen Beilagen auf den Tisch und lassen Sie alle sich selbst bedienen. Jeder tut die Beilagen in seine Suppentasse und rührt um. Manche mischen gern alles zusammen, andere nehmen die Zutaten einzeln nach und nach. Die Mischung soll die Seele und die künstlerischen Fähigkeiten anregen.
Grün: Schnittlauch, junge Zwiebeln, mit der Schere geschnittene Petersilie, geschälte und gewürfelte Gurken.
Weiß: kalte gekochte oder Dosenkartoffeln – in Scheiben geschnitten oder im ganzen. Schüsseln mit saurem Rahm oder gewöhnlichem Rahm.
Rosa: Joghurt mit Paprika bestäubt.
Gelb: hartgekochte Eier, gehackt oder durchgesiebt. Dünne Zitronenscheiben.
Etwas Blau würde auch hübsch aussehen, aber merkwürdigerweise gibt es nur sehr wenig blaue Nahrungsmittel. Warum, weiß ich nicht.
Achtung! Dieser Borschtsch darf nicht erhitzt werden, er würde gerinnen.
So angerichtet, ist er mehr als eine Suppe, er ist eine Mahlzeit und ein Fest. Er ist auch für die Unterhal-

tung und für die Seelen gut. Man muß sich die Dinge zureichen. Er ist exotisch und billig, und Ihre Vermögensverhältnisse werden Ihnen sagen, wieviel Brühe Sie nehmen und welche Garnierungen Sie wählen müssen.

Überraschung

Tzimmes bedeutet Überraschung und meistens eine für den Sabbat oder Feste. Die Speise kommt in einem festverschlossenen Topf auf den Tisch, und wenn der Deckel abgenommen wird, erfüllt ihr süßer, würziger Dampf den Raum. Es ist auch wieder ein einfaches und billiges Gericht. Man kann es mit Fleisch machen, gewöhnlich einem Bruststück. Meistens nimmt man aber nur Gemüse, und dann gibt es keine Probleme mit den Speisegesetzen.

Karotten-, Pflaumen- und Zimt-Tzimmes

455 g Pflaumen in Wasser einweichen. In der Zwischenzeit 680 g Karotten schaben und in Würfel schneiden und mit etwas braunem Zucker in 4 Eßlöffeln Fett braten, bis sie braun sind. Dann die Pflaumen mit ihrem Einweichwasser zugeben, nebst einem Teelöffel Zitronensaft, 2 Teelöffeln Salz, ½ Teelöffel Pfeffer, ½ Teelöffel Zimt, 2 Eßlöffeln Graupen, 1 Teelöffel Honig und dem Saft einer Apfelsine.
Den zugedeckten Topf auf sehr kleinem Feuer zwei Stunden kochen lassen. Ab und zu nachsehen und Wasser zugeben, wenn es gefährlich trocken wird. Es soll feucht, aber nicht flüssig sein. Keine zwei Personen machen den Tzimmes genau gleich. Es war ein dauernder Streitpunkt zwischen meinen Großmüttern. Die eine liebte ihn süß, die andere pikant. Er

kann Ihnen nicht mißlingen, wenn Sie irgendwelche der folgenden traditionellen Zutaten nehmen, vorausgesetzt, Sie lassen Karotten, Graupen und etwas Zucker nicht weg:
getrocknete Aprikosen, mehr Honig, Zucker oder Fett, Zitronenviertel oder -scheiben, Muskatnuß, Zwiebelscheiben.
Jetzt können Sie Ihre eigene »Überraschung« machen. Wenn Ihr Ehegespons oder Partner ein »Fleisch und zwei Gemüse«-Mensch ist, wird Tzimmes statt Gemüse nicht nur Überraschung, sondern auch Bestürzung hervorrufen.
NB: Das jüdische Gesetz empfahl den Eheleuten, in der Sabbatnacht miteinander zu schlafen. Der würzige, zu Kopf steigende Duft des Tzimmes deutete andere Freuden an, die das fromme Paar später erwarteten.

Koscher und gemütlich

June Rose

Mosche und Lola Davis sind alte Freunde von mir. Oft habe ich Freitag abends ihre Gastfreundschaft genossen. Beide sind streng orthodox, Mosche arbeitet mit dem Oberrabbiner zusammen. Aber sie sind auch Realisten und nehmen die Welt und ihre Freunde, wie sie sind.

Aber erst als ich mich einmal in Lolas Küche einlud, ihr über die Schulter schaute und die Früchte ihrer Arbeit kostete, wurde mir klar, wie sehr ihre orthodoxe Erziehung ihr Verhältnis zum Essen, zu Festen und zu Freundschaften beeinflußt hat.

Mosche ist ein großer, gepflegter Mann, dunkel, mit nachdenklichem Gesicht; er sieht fast wie ein Dichter aus und ist ein leidenschaftlicher Amateurbildhauer. Er stammt aus einer Familie von Rabbinern und wuchs im Haus seines Großvaters auf. Seine Kindheitserinnerungen sind durchsetzt mit dem Geschmack und Geruch der Speisen dort. Er erzählt:

»Im Haus meiner Großeltern wurde der Tisch nie abgedeckt, immer stand eine Menge Essen darauf. Wenn man einen Verwandten um drei Uhr dreißig am Nachmittag besuchte, mußte man sich hinsetzen und essen: zuerst gefilte Fisch (siehe Rezept Seite 18), Heringe oder was es sonst noch gab. Das hatte nichts mit Protzerei oder Statussymbol zu tun. Für die Juden, die soviel Entbehrungen erlitten hatten, bedeutete es viel, Freunden und Verwandten etwas anbieten zu können. Es war für sie eine Bestätigung, daß die bösen Tage vorüber waren. Während der Vormittagspause in der Schule kamen die jüdischen Mütter und schoben *Beigels,* besondere Brötchen, durch das Gitter der Schulhöfe, weil ihre Kinder seit eineinhalb Stunden nichts gegessen hatten.

Ich hatte als Kind keine Ahnung, was in nichtjüdischen Häusern gegessen wird. Unsere Nachbarin war Lehrerin, und wir waren sehr mit ihr befreundet. Sie empfand es als Ehre, am Freitagabend die Lampen für uns auszuknipsen; denn das gilt als ›Arbeit‹ und ist in streng orthodoxen Kreisen am Sabbat verboten. Aber sie würde nie daran gedacht haben, mir etwas zu essen anzubieten.

Da, wo ich wohnte, waren alle Lebensmittelhändler, die Schlachter, die Geflügelhändler, die Krämer, jüdisch. Ich liebte das Brot, das in meiner Kindheit morgens mit einem Pferdewagen frischgebacken, warm und köstlich gebracht wurde. Man nahm nicht einfach nur einen Laib – man wählte Schwarzbrot, Korianderbrötchen, Beigels oder *challot,* das Zopfbrot, das es am Freitagabend gab. Am Shavout, dem Wochenfest, aßen wir verschiedenartig geformtes Brot. Und dann liebte ich die verschiedenen Puddinge, Brotpudding, *Lokschen* Pudding (Rezept siehe Seite 196 usw. Lange Zeit aß ich immer erst Brot und Kartoffeln, ehe ich etwas anderes anrührte. Heutzutage suche ich vergeblich nach einem wirklich guten Laib Brot.

Küche und Tisch haben im Laufe der Jahrhunderte im Judentum eine so große Rolle gespielt, daß wir ziemlich abschätzig vom ›Salzfleisch-Juden‹ sprechen, dem nur die Speisen seiner Kindheit schmecken. Dennoch ist unser religiöses Leben sehr eng mit dem Essen verknüpft, mit dem Essen für die Freitagabende und mit dem Essen für die Feste. Die Juden haben große Ehrfurcht vor dem Eßtisch. Er hat etwas mit dem Altar zu tun. Von einem Rabbi in Frankreich wird erzählt, er habe angeordnet, daß nach seinem Tod sein Sarg aus den Brettern seines Tisches angefertigt werden solle, an dem er seinen Freunden Gastfreundschaft erwiesen und an dem er mit ihnen gespeist hatte. Wenn wir das Dankgebet sprechen, darf kein Messer auf dem Tisch sein. Wir bitten um Frieden und Leben und denken nicht ans Töten.

Wenn wir auch Tiere essen, sollten wir uns als Juden doch immer bewußt sein, daß wir Leben nehmen, wenn wir Fleisch essen. Wenn man tierisches Leben mißachtet, wird man wahrscheinlich auch vor menschlichem Leben keinen Respekt haben.

In orthodoxen Häusern wachsen die Kinder mit dem Bewußtsein auf, daß es bei ihnen Dinge gibt, die man tut, und Dinge, die man nicht tut. Sie lernen es, sich auf besondere Speisen an besonderen Festen zu freuen. Wir betonen den positiven Wert der Zeremonien, vom Händewaschen bis zum Tischgebet. Die Kinder empfinden sie deshalb nicht als Zwang. Aber wie ein Sportler täglich trainieren muß, um seine Muskeln zu kräftigen, so müssen auch wir uns und unsere Kinder trainieren.

Unsere Speisegesetze sind das stolze Abzeichen unseres Volkes, nicht der gelbe Stern, den Hitler uns aufzwang. Und außerdem«, sagte er lächelnd, »ist es anscheinend nicht gesundheitsschädlich, Fleisch ausbluten zu lassen, es einzupökeln und weder Schweinefleisch noch Schalentiere zu essen.

Für mich ist es kein Verlust, ohne Schinkensandwich oder Rumpsteak zu leben. Ich glaube, unser Geschmack hängt sehr von den Eßgewohnheiten ab, die wir in der Kindheit erworben haben.

Ich finde, daß nichtjüdische Freunde immer sehr bemüht sind, mir das richtige Essen anzubieten. Sie respektieren, daß mir Schranken gesetzt sind.«

Mosche Davis wuchs in einer rein jüdischen Umgebung auf und besuchte ein jüdisches Seminar. Jetzt arbeitet er für die jüdische Gemeinde und lehrt Hebräisch an einer bekannten Public-School. Er hat auch viel von der Welt gesehen; als Hauptfeldwebel bei den Cameron Highlanders in Japan und als Armeegeistlicher in Deutschland. Vor kurzem erst begleitete er den Oberrabbiner auf einer Reise nach Rußland, um sowjetische Führer und die sowjetischen Juden kennenzulernen. Er entdeckte, daß es in Rußland selten Probleme beim Essen gab; Rote-Bete-Suppe, Heringe, eingelegtes Gemüse, alles Speisen, die dem jüdischen Gaumen vertraut sind, erschienen häufig auf dem Tisch.

Lola, Mosches Frau, ist klein und hat glänzende Augen. Sie kam 1939 als Flüchtlingskind aus Hitlers Europa nach England. Sie wuchs in einem Heim für jüdische Kinder in Kingsbury in Nord-London auf. »Das Essen war im Krieg sehr kärglich«, erinnert sie sich.

»Wir fanden, daß man uns ziemlich schlecht behandelte, aber das tun Kinder immer. Wir bekamen Unmengen von Brei, Pudding und Kartoffeln zu essen. Erdnußbutter mochten wir am liebsten. Am Sabbat gab es etwas Besonderes: eine große Portion Hackfleisch; das war für das Heim gerade noch erschwinglich.«

Die Kinder im Heim schlossen sehr enge Freundschaft miteinander. »Wir waren vierzig Jungen und Mädchen«, erzählte sie. »Wir hielten uns für Brüder und Schwestern, wir waren wirklich eine große Familie. Das Dankgebet nach den Mahlzeiten sprachen wir abwechselnd. Die Jungen lasen einen Absatz und die Mädchen den nächsten.« In orthodoxen Kreisen ist es sonst ein traditionell männliches Vorrecht, den Segen zu sprechen.

Mit siebzehn besuchte Lola eine landwirtschaftliche Schule als Vorbereitung auf die Auswanderung nach Israel, das damals britisches Mandatsgebiet war. Die Schüler lebten wie in einem *Kibbuz* zusammen.

»Ich lernte es, mit einem Minimum an Umstand zu kochen und ein Minimum an Nahrungsmitteln zu gebrauchen«, sagte sie. »Wir hatten kein Geld, und wir mußten alles strecken. Wenn ich für die Jungen Eiersandwiches machte, tat ich die Eierschalen mit hinein, um zu zeigen, daß es wirklich Eier waren!«

Lola begegnete Mosche, als er bei einem benachbarten Bauern die Schweine versorgte.

Er erklärte: »Wenn ich auch selbstverständlich kein Schweinefleisch esse, sind mir Schweine nicht zuwider. Ich weiß, daß es saubere Tiere sind.«

Aufgrund ihrer Erinnerung an die Knappheit des Budgets auf der Farm ist Lola überzeugt, daß es nicht der Preis der koscheren Nahrungsmittel ist, der die Juden daran hindert, die Speisegesetze zu halten.

»Die Leute sagen immer, daß es sehr teuer ist, die religiösen Bräuche zu halten und koschere Nahrungsmittel zu kaufen. Koscheres Essen kostet mehr; aber gerade die Leute, die es sich am wenigsten leisten können, halten an der Überlieferung fest. Man braucht nicht gerade das teuerste Geflügel oder die besten Fleischstücke zu kaufen.«

Geflügel ist für Lola ein besonders beliebtes Essen. Sie erinnert sich nicht, es als Kind je gegessen zu haben. »Jetzt essen wir es meist Freitag abends. Geflügel gilt immer als ausgesprochen ›jüdisches Essen‹. Das kommt wohl daher, daß die Juden im Getto kein Land besaßen; sie hatten keine grünen Felder, wo Schafe oder Kühe weiden konnten. Darum hielten sie in ihren Hinterhöfen Hühner, die man leicht füttern und leicht schlachten konnte.«

Lola war mit dem Kochen fertig, und als Mosche nach Hause kam, setzten wir uns zum Essen. Aus Ungeschicklichkeit verschüttete ich etwas Wein.

Mosche lachte in sich hinein: »Das macht nichts, ich hätte das eigentlich selbst tun müssen. Ein berühmter jüdischer Rabbi pflegte immer, wenn sich die Gäste zum Essen hinsetzten, sein Glas umzuwerfen. Er tat es, damit seine Gäste ganz ungeniert sein konnten.«

Wie gewöhnlich bekam ich ein köstliches Abendessen. Hier sind Lolas Rezepte:

Gefüllter Kohl oder Hollischkes

(für 6 Personen)

12 Kohlblätter
455 g Hackfleisch
2 Eßlöffel Matzenmehl
Salz und Pfeffer nach Geschmack
2 große geriebene Zwiebeln
1 Zitrone
1 Teelöffel Malzessig

Die gewaschenen Kohlblätter mit kochendem Wasser übergießen, Hackfleisch, Matzenmehl, geriebene Zwiebeln und die Gewürze mischen. Auf jedes Kohlblatt einen Eßlöffel der Masse geben und zusammenwickeln wie ein Paket. Dicht zusammen in einen Topf legen, die Zitrone auspressen, Wasser, Zitronensaft, 1 Teelöffel Zucker, Salz und Pfeffer und etwas Hühnerfett dazugeben. Den Deckel fest auf den Topf setzen und in mäßig heißem Ofen (elektrisch 190° C, Gas 4) 3 Stunden garen.
Lola servierte zu diesem Gericht Latkes (siehe Seite 28) und Zucchini. Aber fast jedes Gemüse paßt dazu. Lola und Mosche bemühen sich, wann immer es ihnen möglich ist, auch ein Gericht anzubieten, das israelische Zutaten enthält.

Carmel-Orangen

1 Apfelsine pro Kopf und der Saft von 1 oder 2 weiteren Apfelsinen
Curaçao
Staubzucker

Die Apfelsinen in heißes Wasser tauchen. Schälen und in dünne Scheiben schneiden. Die äußere gelbe Schale fein schneiden und über die Orangenschnitten streuen; das Weiße nicht verwenden. Etwas Curaçao darübergeben und möglichst lange durchziehen lassen. Kaltstellen.

Krapfen

255 g Mehl
15 g frische Hefe oder
6 g getrocknete Hefe
30 g Mehl
30 g Butter oder Margarine
1 Ei
½ Teelöffel Salz
280 ml warmes Wasser, ungefähr
70 ml warme Milch oder Wasser
Öl
Himbeer- oder Erdbeermarmelade
Staubzucker

Hefe, warmes Wasser und einen Teelöffel Zucker mischen und stehenlassen, bis es anfängt zu gehen. Mehl und Salz in eine Schüssel sieben, das Fett dazugeben und in die Mitte eine tiefe Mulde machen. Die Hefe und ein gut verschlagenes Ei mit genügend warmer Milch hinzufügen. Orthodoxe Juden ersetzen die Milch durch Wasser, wenn es vorher ein Essen mit Fleisch gegeben hat. Dann einen weichen Teig machen und 5 Minuten auf einem gut bemehlten Brett kneten. Runde Bällchen aus dem Teig formen und nebeneinander auf ein gefettetes Blech geben. Gehen lassen. In einer warmen Küche etwa eine Stunde. Wenn die Bällchen gut aufgegangen sind, 3 Minuten auf jeder Seite in nicht zu heißem Öl ausbacken. Sorgfältig auf Fließpapier abtropfen lassen und in die Mitte jedes Krapfens mit einem hölzernen Löffelstiel ein Loch machen. Rote Marmelade hineinfüllen und in Staubzucker wälzen.

Ein anderes Europa

Lionel Blue

Sie sagten »By«, »Great having you«, »Au revoir, cher Rabbin«. Sie steckten mir Päckchen belgischer Schokolade, Zemir-Zigaretten und Times-Magazine zu, als ich Brüssel spät in der Nacht von der Gare du Midi verließ. Es war meine Gemeinde, Amerikaner, Engländer und Belgier, meistens Geschäftsleute, durch den Gemeinsamen Markt zusammengeführt. Sie waren herzlich, durchtrieben und großzügig, schlau und kindlich; sie waren gewiegte Geschäftsleute, aber Metaphysik verwirrte sie. Sie waren gescheit, mit einer Nase für Qualität. Sie versuchten aber immer ihr Ziel auf dem kürzesten Weg zu erreichen. So kamen manche von ihnen in geistlichen Dingen nicht so ganz mit, begriffen jedoch nicht warum.

Ich war vollgestopft mit gutem Essen und Wein, dankbar und erschöpft. Sie fanden, daß es sehr britisch sei, mit dem Zug nach London zurückzufahren, aber es war auch sehr billig; denn wenn die geistlichen Titel auch sehr lang sind, die geistlichen Gehälter sind dem nicht angepaßt. Gelegentlich wurden Erste-Klasse-Reisende in das teure Dämmerlicht eines Schlafwagens geführt. Durch die Vorhänge sah man kleine rote Lampenschirme. In London würden die Erste-Klasse-Menschen von höflichen Stewards mit Tee und Orangenmarmelade geweckt werden.

Dahinter, am Ende des Zuges, waren die Zweite-Klasse-Wagen. Sie hatten nur mattes blaues Licht, und es war besser, es sich nicht zu bequem zu machen, denn um Mitternacht würden wir in Frankreich aus dem Zug herausgeholt werden, würden auf dem Bahnsteig warten müssen und dann wieder in die Wagen einsteigen.

In der Dunkelheit sah ich mir die dunklen Klumpen an, die meine nächtlichen Nachbarn sein würden. Ich überlegte, ob es französische oder flämische Klumpen seien. Als wir durch das Rütteln des Zuges aufwachten, stießen die Dunkelheiten gegeneinander und bekamen eine Stimme. Was war das für eine Sprache? Es war Französisch, aber mit fremdartigen gutturalen Lauten und einem Sing-Song-Rhythmus, den ich nie auf der prächtigen Rue Louise gehört hatte. Als das Gemurmel allmählich lauter wurde, wechselte es von Französisch zu etwas anderem, sehr Fremdem und sehr Vertrautem, über. Gelegentlich konnte ich ein Wort unterscheiden und zu meinem Erstaunen auch verstehen. Da merkte ich, daß es meine semitischen Brüder waren, die über Antwerpen nach Marokko wollten.

Es gibt das Europa der Jet-Reisenden nach Torremolinos, wo sie auf Sonne und Sex hoffen. Es gibt das Europa der Transeuropa-Luxuszüge mit einem Hauch von Politik, Geschäft und After Shave. Und es gibt außerdem das Europa der Zweit-Klasse-Wagen, in denen bei Nacht die Algerier, Marokkaner und Türken nach Hause reisen, die »Gast«-Arbeiter, die die schmutzige Arbeit für uns tun, und die neuen »verschämten Armen«, Intellektuelle wie ich, und ab und zu ein Student, der über die Revolution liest.

Wenn man nachts reist, wird man die Veränderungen im Untergrund Europas gewahr, die man in den großen Hotels nicht spürt. Juden gibt es nicht mehr. Aber durch den Qualm der vorübereilenden Fabriken sieht man im Mondlicht ein schlankes Minarett vorüberhuschen. Es gibt eine neue semitische Flut, die, friedlich und arm, Geld an die Familien in der Heimat zu schicken versucht.

Als wir in Lille umstiegen, machten meine Reisegefährten eine Gebets- und Essenspause. In einem TEE habe ich noch nie ein Gebet gehört. Sie waren orientalisch und gastfreundlich und boten mir zögernd eine Orange an. Darauf bot ich ihnen mit der gemessenen Förmlichkeit religiöser Überlieferung ein Sandwich an. Ich sagte ihnen, daß sie es essen

könnten, es sei koscher. Sie ähnelten so sehr meinen armen lieben Großeltern. Ich war wie durch ein Kaninchenloch in meine eigene Vergangenheit gefallen und aß mit meinen lange vergessenen Cousins.
Es gibt, weiß Gott, genug Dinge, die Juden und Moslems trennen – vor allem politisch. Aber andererseits gibt es auch Dinge, die sie verbinden, und das sind die Dinge, die nie vergehen. Ein Gott, und Abraham, unser Vorvater, und außerdem gibt es auf einer anderen Ebene gewisse Gerichte, die Herz und Magen der Juden und Moslems gleicherweise erfreuen.

Humous und Tehini

Das ist eine Vorspeise, eine Art vegetarisches Haschee. Man kann es in Paketen oder Dosen kaufen, zu den Paketen gibt man Wasser. Aber wenn man es selbst macht, ist es einfacher, billiger und schmeckt viel besser. Keine zwei Familien würzen es gleich. So kann also Ihr Humous Ihr eigener sein, und Sie können sich am Vergleich mit anderen erfreuen.
Zunächst müssen Sie einen arabischen, jüdischen, türkischen oder griechischen Laden finden und 455 g Kichererbsen kaufen – sie sehen wie runde, gelbe, harte Nüsse aus. Kaufen Sie auch ein Glas *Tehini.* Das ist eine Paste aus Sesamsamen, sie hält sehr lange. Weichen Sie die Kichererbsen über Nacht in sehr viel Wasser ein und kochen Sie sie am nächsten Morgen mit dem Einweichwasser ungefähr zwei Stunden. Sie werden weich, lösen sich aber nicht auf.
Nun kommt der Spaß – welche Gewürze wollen Sie benutzen? Ich nehme 2 Prisen Cayenne, 1 Dessertlöffel Kümmelpulver oder milden Curry, 2 Zehen Knoblauch, 1 Teelöffel Zucker, 1 Gemüsebrühwürfel oder Zwiebelsuppenpulver und 1 Eßlöffel Salz (man kann später nachwürzen). Sie können auch mit

Selleriesamen, Gewürzmischung, Koriander, gemischten Kräutern und Knoblauchpulver experimentieren.
Ich persönlich plage mich nicht mit dem Einweichen. Ich spüle die Kichererbsen ab und tue sie mit den Gewürzen gleich in den Schnellkochtopf mit soviel Wasser, wie für den Kocher empfohlen ist. Im allgemeinen ist eine Stunde Kochzeit nach Erreichung des Drucks genug. Sie *müssen* aber Ihren Kocher genau kennen und auch wissen, wieviel Wasser Ihre Kichererbsen aufnehmen. Im Zweifelsfall verringern Sie den Druck und kontrollieren Sie nach der halben Kochzeit. Für mich ist der Dampftopf ein gutartiges wildes Tier – etwa wie ein Tiger als Haustier. Aber wie Sie es auch immer machen, am Ende werden Sie eine Menge runder Bohnen haben, gerade eben mit würziger Brühe bedeckt.
Nun gibt man die Bohnen in den Mixer mit soviel von dem gewürzten Wasser, daß der Mixer leicht arbeitet. Versuchen Sie – schubweise – eine Teetasse voll, und fügen Sie dabei 2 Eßlöffel Zitronensaft und ungefähr eine Viertel Tasse Öl hinzu – Olivenöl, wenn Sie es sich leisten können, Maisöl, wenn Sie es nicht können, und etwas von beidem, wenn Sie zu den neuen Armen gehören und es nicht genau wissen. Auch das ist wichtig: Geben Sie einen Dessertlöffel Tehini hinzu, überzeugen Sie sich, daß das Glas Tehini gut durchgeschüttelt oder gemischt ist, weil das Öl sich oben absetzt. An einem kühlen Platz hält sich das Glas Tehini monatelang. Das Öl an der Oberfläche schützt es. Verwenden Sie es vorsichtig, denn es verändert den Geschmack der Kichererbsen sehr, und die haben einen eigenen, guten, nussigen Geschmack. Nun haben Sie eine sandfarbene Paste, die im Kühlschrank etwas fest werden muß. Sie sieht nicht besonders appetitlich aus. Daher braucht man Phantasie zum Anrichten.

Streichen Sie sie ziemlich dick auf eine große Platte oder auf Einzelteller und machen Sie mit der Gabel kleine Rillen wie ausgetrocknete Flußbette oder Wadis (das macht großen Spaß, wie Kuchen mit nassem Sand backen). In die Kanäle träufeln Sie Öl (auch das ist amüsant), streuen gehackte Petersilie darüber oder etwas Paprika, aber nicht zu systematisch. Ein paar glänzende schwarze Oliven darauf wirken entsprechend orientalisch oder semitisch.
An den Geschmack von Humous muß man sich gewöhnen. Man gewöhnt sich sehr rasch. Es enthält viel Protein, ist sehr sättigend und sehr billig. Was können Sie sich Besseres wünschen! Wenn Sie ein Abendessen geben und der nette Studienfreund Ihrer Nichte sich als Palästinenser entpuppt und der Kollege Ihres Mannes als Zionist, wird Ihr Humous sie möglicherweise für einige Stunden zusammenkitten – zeitweise – aber bedenken Sie, es ist nur Kitt, also überspannen Sie die Belastung nicht und sprechen Sie nicht von Jerusalem.

Hamim-Eier

Das ist ein sehr nettes Eiergericht, das wenig Mühe macht, wenn man die richtigen Voraussetzungen dazu hat. Man muß über einen Ofen verfügen, in dem etwas anderes bei ganz kleiner Hitze fünf Stunden oder länger kocht. Wenn Sie darauf hoffen, daß die Zeit nicht nur alle Wunden heilt, sondern auch, daß sie Ochsenbein in Lendenbraten oder Rumpsteak verwandelt, dann können Ihnen Hamim-Eier ein einfaches Vorgericht liefern. Es wird Sie auch darüber trösten, daß Ochsenbein Ochsenbein bleibt, noch dazu von einer muskulösen, athletischen Kuh.
Klopfen Sie die Eier vorsichtig rundherum an, ohne sie zu zerbrechen. Bedecken Sie sie in einer Backform mit Wasser. In das Wasser tun Sie die braune

Außenschale von Zwiebeln, die Sie sonst wegwerfen. Dazu nach Geschmack und Laune 1 oder 2 Nelken, 1 Zehe Knoblauch, etwas Apfelsinenschale und ein Stückchen Zimt. Nun gießen Sie ungefähr zwei Eßlöffel Öl auf das Wasser, Olivenöl ist am besten. Es verhindert, daß das Wasser zu schnell verdunstet. Nun, das Merkwürdigste, nehmen Sie altmodisches, braunes Packpapier, Folie tut es auch, und bedecken Sie die Schüssel lose damit. Stellen Sie sie für mindestens 5 Stunden auf das unterste Blech eines sehr schwach geheizten Ofens. Zum Schluß sollte das Wasser verdunstet und die Eierschalen braun und gerissen sein. Aber das Innere ist ein Traum. Das köstlich gewürzte und gefärbte Eiweiß wird so zart sein, wie Sie es sich nur wünschen können, das Eigelb so locker, wie Sie es nie für möglich gehalten hätten. Wie werden sie serviert? Reichen Sie sie als Vorspeise – Ihre Gäste sollen sie selbst pellen. Oder noch besser, zerdrücken Sie sie mit einer Gabel auf guten braunen und grünen Linsen, die mit Kümmel gekocht und gewürzt sind.

Europäer haben sehr seltsame Vorstellungen von der semitischen Welt auf der anderen Seite des Mittelmeers. Sie denken an sexuelle Ausschweifungen, Schafsaugen, Harem und Opium. In Wirklichkeit sind die Menschen des Mittleren Ostens, seien es nun Moslems, bescheidene Christen oder Juden, ziemlich asketisch, und ihr Essen ist einfach. Nach westlichen Maßstäben leben sie puritanisch. Mir scheint, Mr. Muggeridge würde sich auf dem Wege nach Mekka mehr zu Hause fühlen als in einem europäischen Luxushotel oder der Kneipe um die Ecke.

Zu Hause im Islam

June Rose

Islam heißt Unterwerfung oder Gehorsam gegen Gott oder Allah, und ein Moslem ist ein Mensch, der sich in allem, was er tut, Gott unterwirft. Die Juden andererseits sind ein »steifnackiges« Volk; seit zweitausend Jahren streiten sie mit allen, auch mit Gott. Außerdem gibt es in jüngster Zeit zwischen Moslems und Juden neue Differenzen! Also machte ich mich mit einem gewissen Unbehagen auf die Reise nach Leicester, um Professor Khurschid Ahmad, den Direktor der Islamischen Stiftung, zu besuchen. Ich hätte mich nicht zu ängstigen brauchen. Vom ersten Augenblick an, als er mich in der Stadt begrüßte, bis zum letzten, als er mich mit seinem kleinen Sohn zum Bahnhof brachte, erfuhr ich die aufrichtigste und offenherzigste Gastfreundschaft.

Die Islamische Stiftung ist in einem imposanten, etwas zurückgelegenen frei stehenden Haus an der Hauptstraße im Zentrum von Leicester untergebracht. Sie dient als Forschungs-, Erziehungs- und kulturelles Zentrum für die sieben Millionen Moslems in Europa. An den Wänden hängen illustrierte Seiten des Korans und Karten der moslemischen Welt. Die Bibliothek enthält sechstausend Bände. An dem Tag, an dem ich die Stiftung besuchte, war dort gerade eine Gruppe junger Leute zu einem Tag des Gebets und des Studiums versammelt. Sie trugen lange wehende Gewänder und kleine runde Hüte, eine Kopfbedekkung, die – ähnlich der jüdischen *Kippa* – aus Respekt vor Gott getragen wird. Ich war sehr überrascht, als ich auf einmal einen Yorkshire-Akzent hörte. Es war ein Konvertit aus Sheffield, der sich durch die tiefe Aufrichtigkeit des Islams angezogen fühlte.

Professor Ahmad, ein untersetzter scheuer Akademiker mit offenem Blick, führte mich nach oben in sein Büro. Während er mir die grundlegenden Elemente seines Glaubens erklärte, wurde uns Tee gereicht.

»Der Islam ist eine einfache Religion«, sagte er. »Wir

haben nicht viele Feste. Im Koran steht ausdrücklich, daß die Nahrung, die Gott für die Menschen schuf, sorgfältig und zweckmäßig gebraucht werden soll. Im Islam verabscheut man Verschwendung. Wir verschwenden weder Nahrung noch Wasser. Wir betrachten es als Tugend, alles, was auf dem Teller ist, aufzuessen und ihn sauber zu machen.
Im islamischen Jahr gibt es zwei Hauptfeste, zwei Feste mit dem Namen ›Id‹. Das kleine Fest ›Id al-Fitr‹ wird nach dem Fasten des Monats Ramadan gefeiert. Alle erwachsenen Moslems fasten in dieser Zeit von Sonnenaufgang bis Sonnenuntergang. Erst bei Anbruch der Nacht dürfen wieder Speisen und Wasser über ihre Lippen kommen.
Das Fest des Fastenendes beginnt am Neumond, und in der Dämmerung ziehen alle neue Kleider an. Wir essen Schir Kurma, einen Nachtisch, der eigens aus diesem Anlaß bereitet wird (siehe Seite 103). Dann gehen wir zu besonderen Gebeten in die Moschee. In den islamischen Ländern versammeln sich zu dieser Stunde Tausende von Menschen auf den offenen Plätzen oder in den Moscheen.
Während des Festes besuchen sich Freunde und Verwandte oder schicken sich Glückwunschkarten. Den ganzen Tag über wird Essen angeboten, und man macht kleine Geschenke von Bonbons und kandierten Früchten.
In den Tagen des Propheten«, erzählte Professor Ahmad, »brachen die Moslems das Fasten mit über Nacht in Milch eingeweichten und mit Honig gesüßten Datteln. Sie schmecken köstlich.«
Zwei Monate und zehn Tage nach dem Ramadan feiern die Moslems ihr großes Fest Id al-Adha. Das ist das Fest der Pilgerschaft zur Kaaba, dem Hause Allahs und dem Herz der islamischen Welt in Mekka. Für alle, die es sich leisten können, ist es eine religiöse Pflicht, einmal im Leben eine Pilgerfahrt, eine Hadsch,

zu machen. Wer nicht mitgehen kann, begleitet die Pilger im Geist mit Gebet und Opfern.
»Die Pilger selbst«, erklärte Professor Ahmad, »kehren zu ihrem Ursprung zurück, historisch und bildlich. Sie schlafen in Zelten, legen die westliche Kleidung ab und ziehen einfache, ungenähte Baumwolltücher an. Die Pilger leben während des Festes vier Tage in der Wüste. Bei Mina, in der Nähe von Mekka, opfern sie ein Lamm, eine Ziege, eine Kuh oder ein Kamel, zur Erinnerung an Abrahams Liebe zu Gott und an die Bereitschaft des Propheten, seinen Sohn Ismail zu opfern, nachdem er den Bau der Kaaba vollendet hatte.
An dem Tag beten die Moslems auf der ganzen Welt und lassen, wenn sie es sich leisten können, als Opfer ein Tier schlachten. Nach den Gebeten nehmen sie das Fleisch mit nach Hause und teilen es sorgfältig. Ein Drittel des Fleisches gibt man Freunden und Verwandten, ein Drittel den Armen und Alten, die nichts haben, und ein Drittel behält die Familie. Traditionsgemäß beginnen wir die Mahlzeit mit der gebratenen oder gegrillten Leber des Tiers«, sagte Professor Ahmad lächelnd.
Er sah auf die Uhr. Wir waren etwas spät daran für das Sonntagsessen. Dr. Ahmad telefonierte mit seiner Frau und besprach das Essen mit ihr. Ich hatte darum gebeten, wenn möglich, am traditionellen Essen der Gläubigen teilnehmen zu dürfen.
Wir fuhren in die Vorstadt hinaus. Am Armaturenbrett seines Wagens war ein Gebet aus dem Koran angebracht. Wir hielten bei einem Lebensmittelhändler, um Gewürze und Lebensmittel zu kaufen. Türkis, rosa und orange gestrichene Reihenhäuser und junge Männer mit schwarzem Fez gaben dieser Midland-Stadt ein exotisches Gepräge.
In ihrem Haus begrüßte mich Mrs. Ahmad mit ihrer Familie. Sie haben vier kleine Kinder, das jüngste ein

Mädchen von eineinhalb Jahren, das älteste ein Mädchen von sieben, reizende dunkle Kinder mit schmachtenden Augen. Während Professor Ahmad dem kleinen Sohn auf seinen Knien beim Hersagen der Gebete half, bereitete Mrs. Ahmad das Essen.

Die Sprachschwierigkeiten behinderten unsere Unterhaltung etwas. Mrs. Ahmad war, was für sie ganz selbstverständlich ist, verschleiert, sie erscheint in der Öffentlichkeit nicht vor fremden Männern.

»Nichts ist schwer zu ertragen, wenn man daran gewöhnt ist«, erklärte sie mir. »Ich würde mich schämen, mich vor Männern zu zeigen.«

Der Tisch war in ganz kurzer Zeit hübsch gedeckt mit Fleisch, Salat und Reis, die Kinder hatten sich die Hände gewaschen und den Mund gespült – für die Moslems eine religiöse Pflicht –, und wir aßen zusammen.

Es wurden Wasser, Orangensaft oder Coca-Cola angeboten. Professor Ahmad sagte mir, daß orthodoxe Moslems nicht gern an einem Tisch sitzen, an dem Alkohol getrunken wird.

»Eine Mahlzeit ohne Wasser ist für einen Moslem undenkbar«, sagte Professor Ahmad. In all ihren Bräuchen gedenken sie des harten Lebens in der Wüste.

Nach einem kurzen Dankgebet:

»Laßt uns Gott loben.

Gelobt sei Gott, der uns gespeist, unseren Durst gestillt und uns zu seinen gehorsamen Dienern gemacht hat.«

Nachdem wir wieder die Hände gewaschen und den Mund ausgespült hatten, setzten wir uns hin, um über Rezepte zu sprechen, während die Kinder spielten.

Kheei

3 Dessertlöffel Reis
1 knappe Teetasse Zucker
1135 ml Milch
Pistazien zum Garnieren

Milch und Reis unter dauerndem Rühren ½ Stunde auf kleiner Hitze kochen. Wenn die Milch gelblich geworden ist, den Zucker zugeben und rühren, bis die Masse dick wird. Den Topf vom Feuer nehmen, den Reis zerdrücken und dünne Pistazienscheiben daruntermischen.

Schir Kurma

Das ist ein süßer Pudding, der überall in der islamischen Welt nach dem Ramadan gegessen wird. Die Datteln und die Milch erinnern an die Tage des Propheten.

2 Teelöffel Butter oder Butterschmalz
1135 ml Milch
115 g Pistazien
6 getrocknete Datteln
2 Eßlöffel gekochte Fadennudeln
½ Tasse Zucker

Die Fadennudeln in Butter oder Butterschmalz braten, beiseite stellen, während die Datteln feingehackt und die Mandeln und Pistazien gerieben werden. Die Milch aufkochen lassen, Mandeln und Pistazien zugeben und 10 Minuten unter ständigem Rühren auf kleinem Feuer ziehen lassen. Nach 20 Minuten die gebratenen Nudeln zugeben und 5–10 Minuten kochen, bis der Pudding gar ist.

Reispilaw mit Lamm oder Huhn

1 Joghurt natur
455 g Lamm- oder Hühnerfleisch in Stücken
2 Tassen Reis
2 Zwiebeln
1 Teelöffel gemahlener Ingwer
1 kleines Stück Zimt
einige Körner Kardamom – 4 oder 5
1½ Teelöffel gemahlener Kümmel
5–6 Körner schwarzer Pfeffer
Salz nach Geschmack
2–3 Nelken (wahlweise)
115 g Butter
eine Prise Safran

Die Zwiebeln in Scheiben schneiden und in einer Pfanne goldgelb dünsten. In der Zwischenzeit den Reis waschen und 15 Minuten mit etwas Safran einweichen. Das Fleisch mit den Zwiebeln in der Pfanne schnell anbraten, die Gewürze und 3 Tassen Wasser zugeben, umrühren, dann den Topf schließen und auf kleiner Flamme kochen, bis das Wasser aufgesogen ist. Das dauert ungefähr 25 Minuten. Wenn der Reis gar ist – das kann man am leichtesten durch Probieren feststellen –, Safran und Joghurt hineinrühren und servieren.

Hühnchen korma

Ein zerlegtes Huhn – etwa 1820 g
6 mittlere Zwiebeln, in Scheiben geschnitten
2 Teelöffel Salz
2 Teelöffel gemahlener Chili
(wenn das für Ihren Geschmack zu stark ist, nehmen Sie Paprika)
115 g Butter, Margarine oder Öl

2 schwarze und 2 weiße Kardamomkörner
1/3 Teelöffel Knoblauchpulver
1 Eßlöffel Joghurt

Die in Scheiben geschnittenen Zwiebeln goldgelb dünsten, Hühnerteile hinzugeben und schnell auf beiden Seiten bräunen. Die Gewürze dazu und alles 15 Minuten unter dauerndem Rühren braten. Dann Joghurt und 2 Tassen Wasser dazu, Deckel aufsetzen, 30 Minuten schmoren lassen und mit Reis anrichten. Wenn Sie dieses Gericht zubereiten, werden Sie bald herausfinden, welche Gewürze für Sie richtig sind.

„Wenn ich dich je vergäße, Jerusalem"

Lionel Blue

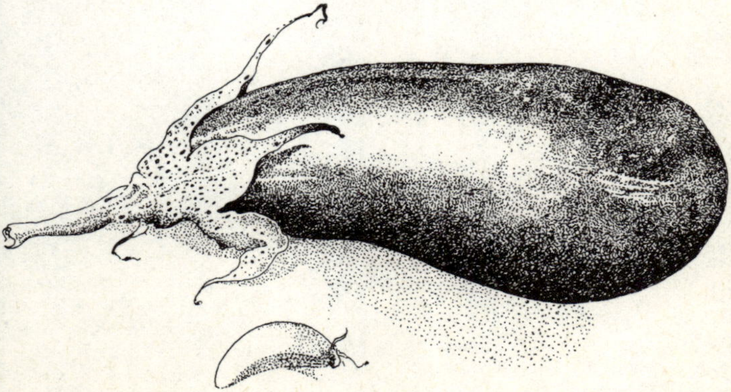

Als ich das erste Mal in Jerusalem war, verliebte ich mich unerwarteterweise mehr in den Gemüsemarkt als in die Ruinen und Gedächtnisstätten. Es war ein zauberhafter farbenprächtiger Anblick, und die kleinen Restaurants ringsherum waren die erholsamsten Orte in Israel. Sie wurden von vergnügten, schlitzohrigen persischen Juden und irakischen Bagdadis geführt, die sich amüsierten über die deutschen Juden, die ihre Aktenmappen, und die russischen Juden, die ihre Ideologie ängstlich festhielten, und über die angelsächsischen Juden, die nach ihren Vorlesungsnotizen und ihren Reisedokumenten suchten, wenn sie von Konferenz zu Konferenz eilten.

Die schönsten Juwelen auf dem Markt waren die Auberginenberge. Sie waren dick, lila und glänzend, und so müssen sie auch sein, wenn man sie kauft.

Das Leben in Israel war damals sehr hart. Man erzählte mir, daß alles Packpapier für die Wahlen verbraucht worden war, und das bißchen Fleisch, das tatsächlich den Markt erreichte, wurde von der Geistlichkeit beargwöhnt. Die Israelis hatten sich noch nicht auf ihre Soja-Schnitzel verlegt und nahmen dafür Auberginen. Diese »Schnitzel« *au naturel* sehen fast wie Schuhsohlen aus. Die Israelis schnitten ihre Auberginen in Scheiben, grillten sie, brieten sie, rösteten und schmorten sie. Es gab Auberginen mit Sauerkraut, als Gulasch, eingelegt oder mit Yorkshire Pudding. Die Pioniere gediehen mit ihnen, sie waren das Roastbeef des alten Israel. Sie waren besser als koscher, denn sie waren zu haben.

Auberginen

Wenn Sie bisher noch keine gegessen haben, werden Sie wissen wollen, was man mit ihnen anfängt. Sie sind ja sehr groß, sehr lila und sehen nicht gerade europäisch aus. Aber es ist wirklich leicht, mit ihnen umzugehen, wenn man weiß, wie zwei Hindernisse zu überwinden sind.

Das erste Problem ist das Öl. Die Auberginen saugen es auf wie Löschpapier. Die Türken machen aus ihnen das Gericht »Imam Bayaldi«, d. h., »der Imam wurde ohnmächtig«. Auch Sie würden ohnmächtig werden, wenn Sie wüßten, welchen Schaden das Öl, das die Auberginen aufsaugen, Ihrem Geldbeutel und Ihrer Figur zufügt.

Zweitens müssen Sie die Bitterkeit des Auberginensaftes loswerden. Jedenfalls behaupten einige Leute, daß man das tun muß. Ich selbst habe noch nicht viel davon gemerkt.

Wie auch immer, beide Probleme sind leicht zu lösen. Man muß nur die Auberginen in Scheiben schneiden, etwas Salz daraufstreuen und sie ziehen lassen oder sie entweder mit kochendem Salzwasser oder sehr kaltem Salzwasser bedecken. Lassen Sie sie eine halbe Stunde stehen und dann abtropfen, und trocknen Sie sie mit Küchenpapier. Lassen Sie sich nicht abschrecken, es ist leichter, als es klingt.

Man kann die Scheiben grillieren oder braten, mit Salz und Pfeffer, in oder ohne Teig servieren, oder man kann sie durch geschlagenes Ei ziehen. Dann wird es ein Auberginen-»Steakette«. Ich esse Auberginen am liebsten in einer Zubereitung, die mir eine Begegnung à la Proust in der Nähe des Marktes ins Gedächtnis ruft. Aber bevor der Strom meiner Erinnerung mich fortträgt, hier das Rezept.

Eine große ungeschälte Aubergine der Länge nach in Scheiben schneiden. Die Scheiben, wie oben beschrieben, salzen, wässern und abtropfen lassen. Den Grill auf höchste Stufe schalten und die Scheiben auf den Grillrost legen, mit Öl einpinseln und grillieren, bis sie braun und weich sind. Wenden, wieder mit Öl bepinseln, salzen und pfeffern und fertiggrillen.

Nun nehmen Sie 180 ml Joghurt. Frischer Joghurt ist am besten, aber der handelsübliche tut es auch. Pressen Sie eine große Knoblauchzehe hinein und fügen Sie noch etwas Minze und eine Prise Staubzukker dazu. Wenn es keine frische Minze gibt, nehmen Sie einen viertel Teelöffel Koriander oder etwas gehackte Petersilie oder Schnittlauch oder Ihre Phantasie. Salzen und pfeffern Sie den Joghurt.
Nun nehmen Sie eine flache Schüssel und geben abwechselnd Auberginen und Joghurt hinein. Joghurt obenauf. Die Schüssel für einige Stunden oder über Nacht in den Kühlschrank stellen. Als Vorspeise oder leichtes Lunchgericht servieren.
Ich aß es zum ersten Mal in einem kleinen Restaurant in Jerusalem, wo es mir von einem Araber, der am selben Tisch saß, sehr empfohlen wurde. Er war eine sanfte Seele, von den politischen Stürmen des Mittleren Ostens aufs Trockene gespült. Er war vor vielen Jahren in Paris gewesen, wo er André Breton kennengelernt hatte. Er sagte mir, daß der Surrealismus ihm sehr zustatten gekommen sei. Er hätte ihn auf die Realitäten und Absurditäten des Lebens im Heiligen Land vorbereitet. Er wollte ein jüdisches Mädchen heiraten, aber da es keine Ziviltrauung gab, wollten sie eine Fahrt mit einem Fischdampfer machen und sich von dem griechischen Kapitän außerhalb der Hoheitsgewässer trauen lassen. Er erzählte mir, daß er in der Nähe einer jüdischen Siedlung lebt. Ihre Kultur sei ernst, aber schwerfällig. Er hatte sich einen Roman von Theodore Dreiser geliehen und fand ihn einfach zu gewichtig. Er würde gern den Film »Brief Encounter« in Jerusalem sehen. »Wenn nur Noel Coward in den Orient kommen könnte!« Er hatte eine Schwäche für Dada. Auch mochte er die Juden, einige wenigstens. »Sehen Sie sich Proust an!« sagte er, »nehmen Sie Max Jacob, Svevo und Cafavy, welche Phantasie, welche Größe!« Er lud mich ein,

ihm bei Auberginen und Joghurt Gesellschaft zu leisten und teilte mir in makellosem Französisch seine leidenschaftslose Meinung über das Land mit – allen, wie er sagte, »verheißen« und keinem gehörend. Während er aß, erzählte er von den kuriosen Verwicklungen seines Lebens. Er hatte eine wichtige ästhetische Entdeckung gemacht. Der Surrealismus sei tatsächlich sozialer Realismus, sagte er. In Paris hatte er gezweifelt, hier wußte er es. Von welchem Nutzen, sagte er, seien alle Predigten, Reden und Ideologien, wenn Araber und Juden nie zusammen äßen. Ich war nicht ohne jede Hoffnung und erwähnte Religion und Sozialismus. Er zuckte die Schultern – seine einzige Hoffnung waren die Restaurants, wo Araber und Juden so wie wir zusammen essen könnten. Und die wenigen Tanzsäle, wo manchmal ein junger Araber mit einem jüdischen Mädchen tanzte und sie ein Falafil oder Humous zu ihrem Coke teilten. Aber die Rabbis, die Popen und die Kantoren – mon Dieu!

Ein oder zwei Jahre später ignorierte ich seine Kritik und beschloß zu studieren, um Rabbiner zu werden. Ich saß in der Klasse und las »Hat ein Mann seine Pflicht erfüllt, wenn er ein Widderhorn in einer Tonne hört?«. Plötzlich mußte ich an ihn und unsere sehr kurze Begegnung denken, und es überflutete mich eine Welle der Zuneigung für seinen Surrealismus und seine parfümierten Zigaretten. Vielleicht hätte André Breton den Talmud gemocht, und Dada könnte vielleicht zur Frömmigkeit führen.

Eine Handvoll Heiligkeit

June Rose

Die Gastfreundschaft der Hindus besteht nicht in einer angebotenen Mahlzeit, sondern ist eine Lebensweise. Ihre tägliche Diät erfordert moralische Haltung, die Beobachtung eines Rituals und langsames, sorgfältiges Kochen. Bei den orthodoxen Hindus sind die Nahrungsmittel, die Küchenutensilien und auch die Esser selbst in verschiedene Kategorien der Heiligkeit eingeteilt. Die Esser können *Yogis* sein, der höchste geistliche Zustand, in dem jemand ohne alle Nahrungsaufnahme auskommt, oder *Bogis,* anspruchsvolle Esser, die mehr Wert auf Qualität als auf Quantität legen, oder *Rogis,* gierige Leute wie Lionel und ich. Auch das Essen hat unterschiedlichen Rang: *Satvik* ist das Reinste vom Reinen, gekochte Getreideerzeugnisse und Gemüse, kein Fisch, kein Fleisch, keine Eier, kein Chili, kein Knoblauch und keine Zwiebeln. *Rajasch* ist wie Satvik, nur sind Nahrungsmittel mit hohem Proteingehalt wie Fisch, Eier und Fleisch gestattet. *Tamas,* das unreine Essen, erlaubt die Verwendung von scharfen Sachen, von denen man sagt, daß sie die Leidenschaften aufreizen, z. B. Chili, Knoblauch und Zwiebeln; es darf auch abgestandenes Essen sein, aber kein Beefsteak. Jeder Teil der Kuh, der Milchgeberin, ist für Hindus tabu.
Wenn Sie das Glück haben sollten, eine Einladung zu einem Abendessen bei Hindus zu erhalten, lassen Sie sich von all diesen Glaubenssätzen nicht einschüchtern, sondern nehmen Sie an. Im Haus von Mr. Praful Patel wurde ich mit einer liebenswürdigen Kochvorführung, einem Vortrag über Diät und Ritual und einem köstlichen Essen bewirtet. Dieses Erlebnis dauerte vier Stunden und war unvergeßlich. Nebenbei, der Name Patel ist unter Hindus so häufig wie bei uns »Schmidt«. Die beiden Patel-Schwestern, die die Mahlzeit zubereiteten, waren mit meinem Gastgeber nicht verwandt. Und um die Verwirrung vollständig zu machen, war der vierte Hindu, den ich befragte, ein

Mr. Ranesch Patel, ein Restaurantbesitzer. Ich entdeckte, daß die Hindus, wie alle Asiaten, ausgedehnte Familienbeziehungen pflegen. Vettern, Freunde und Freunde von Freunden kommen zu Besuch und bleiben. Haus und Küche stehen allen offen.

Um vier Uhr nachmittags kam ich bei Mr. Patel in Bloomsbury an, gerade recht zu den letzten Vorbereitungen des Abendessens! Ein liebenswürdiger junger Mann, wie sich herausstellte, ein Vetter der Patels, führte mich in ein mit Kissen ausgelegtes Wohnzimmer. Dann kam bald Schaku, eine dunkle, geschmeidige Inderin im apfelgrünen Sari, und lud mich in die Küche ein, um zuzusehen, wie sie das Essen für zwölf Personen bereitete. Es wurde Tee angeboten mit einem warmen moschusartigen Duft (Rezept siehe Seite 121). Wir tranken langsam, und der Tee hatte, wie das ganze außerordentliche Erlebnis, einen ungewöhnlichen und wunderbaren Geschmack.

Schakus Küche war makellos sauber. Bei jedem Handgriff wusch sie sich die Hände. Sauberkeit spielt im religiösen Leben der Hindus eine wichtige Rolle. Bevor sie am Morgen vor dem Altar in ihrem Schlafzimmer beten kann, muß sie baden und saubere Kleider anziehen. Als wir mit dem Tee fertig waren, kam ihre Schwester Sunita, eine andere anmutige Göttin in purpurfarbigem Sari, um beim Vorbereiten der Mahlzeit zu helfen.

Bei den Hindus gehören zu einem normalen Essen Linsen, Reis, zwei Gemüse, Chipati (eine Art Fladenbrot) und ein süßes und ein pikantes Gericht. Die Familie kauft die Getreideerzeugnisse in großen Mengen ein. Sie werden in altmodischen Bonbonglasgefäßen aufbewahrt. Schaku maß Linsen mit der Hand ab, für jeden eine kleine Handvoll. Dann suchte sie mit unendlicher Sorgfalt jeden Schmutz und jedes Steinchen heraus. Sunita maß den Reis ab, eine große Handvoll für jeden, und wusch ihn minutenlang.

Als die Arbeit weiterging, kam Renuka, eine andere Freundin, und machte sich auch an die Arbeit. Zu ihr gesellte sich eine vierte, Praful Patels Schwester Scharminda, die gerade aus dem Kolleg kam. Bald summte die Küche vor Geschäftigkeit. Die Damen schnitten Gemüse, rollten Teig, rührten in Töpfen, alles ohne Eile und sichtbare Anstrengung. Gegen sieben Uhr erschien noch ein weiterer Gast mit einer kleinen Tochter in der Küche, um zu plaudern, zu helfen und die Zeit zu vertreiben. Kein Klatsch. Dann gesellte sich eine alte Dame mit nackten Füßen und breitem Lächeln, leider aber ohne Englisch, zu uns. Und in all diesem Durcheinander gelang es den Schwestern doch, mir eine Menge Wissenswertes zu vermitteln.

»In manchen Haushalten wird während des Essens nicht gesprochen«, sagte Sunita, »ältere Leute lesen oft ein religiöses Buch während der Mahlzeit. Wenn man längere Zeit am Tag schweigt, stärkt das die Fähigkeit zur Selbstbeherrschung.«

Anscheinend gibt es bei den Hindus mehr Fasten und Feste für die Frauen als für die Männer. In den Sommermonaten, während der Fasten für den Gott Schiva, fasten die jungen Mädchen fünf Tage lang und beten um einen guten Ehemann und um Fruchtbarkeit. Die verheirateten Frauen beten um Schutz für ihre Ehemänner und Familien. Es ist kein totales Fasten, aber die Speisen müssen ohne Salz und Gewürze gegessen werden und sind daher ohne Geschmack. Die Frauen dürfen ein Getreideerzeugnis wählen, zum Beispiel Reis oder Weizenmehl. In der fünften Nacht des Fastens bleiben die Frauen die ganze Nacht wach.

Schaku erzählte: »In den alten Tagen beteten die Frauen die ganze Nacht. Heutzutage gehen sie ins Kino. Die indischen Kinos in London spielen die Nacht durch.«

Ein anderes volkstümliches Hindufest ist der Brudertag, die Geburt des Gottes Krischna. Traditionsgemäß ist das der einzige Tag im Jahr, an dem der Bruder das Haus der Schwester besucht; normalerweise übernimmt der Mann der Familie die Verantwortung für alle Frauen. Am Brudertag bereiten die Schwestern ein festliches Mahl, und der Bruder bringt ein ansehnliches Geschenk.

Während unseres Gesprächs wurden für jeden Gast große Tabletts aus rostfreiem Stahl gebracht, sogenannte *thalis,* mit kleinen Schüsseln für die verschiedenen Gerichte. Indische Musik erklang im Hintergrund, und wir wurden zum Essen gerufen.

Ich saß neben Mr. Praful Patel, dem örtlichen Leiter der Hindugemeinde. Die goldene Figur von Ganescha, dem dickbäuchigen Gott mit dem Elefantenkopf, blickte von der Wand auf uns herab. Er soll dem Haus Gesundheit, Glück und Gedeihen bringen. Obgleich die Hindus viele Götter verehren, glauben sie, daß sowohl Menschen wie Götter einer ewigen Schöpferkraft und daher einem einzigen Gott entspringen.

Speisen wurden reichlich angeboten und meine Schüsseln damit gefüllt, und ich versuchte dem feinen aromatischen Geschmack der Speisen Ehre anzutun, mit einer Hand zu essen und eine Chipati – eine Art Fladenbrot – zum Eintauchen und Mischen zu gebrauchen. Bei einer indischen Mahlzeit gibt es keine verschiedenen Gänge. Man probiert jede Schüssel und mischt Süßes und Pikantes. Die Mahlzeit rechtfertigte die stundenlangen Bemühungen. Als wir fertig waren, sagte Mr. Patel: »Wir gehen ins Badezimmer.« Ich war etwas überrascht, entschloß mich aber, den anderen Gästen zu folgen. Die Badezimmertür stand offen, und Männlein und Weiblein standen da und wuschen sich die Hände als selbstverständlichen Abschluß der Mahlzeit.

Mr. Ranesch Patel war der letzte Patel, den ich besuchte. Er ist stolzer Besitzer eines Hindu-Restaurants, des »Mandeer«, das heißt »Tempel«. Er erzählte mir, daß sein Restaurant von Gurus, den religiösen Lehrern der Hindus, von Musikern, Schauspielern und Politikern besucht wird. Als ich dort war, sah ich mehr Inder als abendländische Gäste, und das Essen war zweifellos authentisch.

Ranesch Patel erzählte mir, daß in Indien orthodoxe Hindus, sobald das Essen fertig ist, Opfer darbringen. Sie opfern dem Feuer, der Kuh, die Milch gibt, dem Hund, der treu das Haus bewacht, den Vögeln, einem Bettler oder einem heiligen Mann und stellen vor den Figuren der Hausgötter Teller auf, bevor sie selbst anfangen.

Sambhar Suppe (aus dem »Mandeer«)

Das ist eine im südindischen Stil gekochte Linsensuppe mit Gemüse.

455 g Linsen
2 Teelöffel Sambharpulver, bei jedem indischen Krämer erhältlich
4 grüne Chilis
1 Prise frischer Ingwer
1 große Zwiebel
1 Aubergine oder 2 mittelgroße Karotten
2 kleine Zucchini
Saft von einer Zitrone
Erdnuß- und Pflanzenöl

Die Linsen in reichlich Salzwasser kochen, bis sie breiig sind, die Masse schlagen, damit sie leicht wird. Sambharpulver, die grünen Chilis und eine Prise Ingwer zufügen. Alles umrühren und ½ Stunde langsam kochen lassen.

Zwiebel, Aubergine oder Karotten und die Zucchini

reinigen und hacken, die Gemüse sehr langsam in einem Topf leicht anbraten. Dann in die Suppe geben und etwas Zitronensaft nach Geschmack dazugeben. Alles zusammen noch 10–15 Minuten kochen lassen, und Ihre Suppe ist fertig.

Linsen oder Dahl

eine kleine Handvoll Linsen pro Person
Pflanzenöl
eine Handvoll Erdnüsse
Tomatenpüree oder Ketchup
grüne Chilis
Fenugreek-Körner (Gewürzkörner)
Senfkörner

Die Linsen sorgfältig säubern und dann 15–20 Minuten in einem Schnellkochtopf oder 30–40 Minuten in einem gewöhnlichen Topf kochen, bis sie breiig werden. Den Brei mit einem Schläger bearbeiten, damit es keine Klümpchen gibt. Das Öl mit Senf und Fenugreekkörnern erhitzen, bis sie knistern. Die Linsen, Erdnüsse, einen tüchtigen Klacks Tomatenpüree oder Ketchup hineingeben, gut umrühren und servieren.
Das ist ein ausgesprochenes Küchenabenteuer. Die aristokratischen Patel-Damen messen Reis und Linsen mit der Hand ab, und den Rest der Zutaten fügen sie je nach Geschmack hinzu. Versuchen Sie es.

Chipati

Wie ich schon erklärt habe, braucht man die Chipatis, um damit zu essen; sie werden in andere Speisen gedippt, und man nimmt Reis und Gemüse damit auf. Ich sah zu, wie Dutzende gemacht wurden.
Man braucht eine dicke Bratpfanne oder eine flache

Platte. Achten Sie darauf, daß sie gut mit Butter oder Ghee eingefettet sind, bevor jede einzelne Chipati gemacht wird. Zum Probieren hier ein Rezept für sechs Chipatis:

¼ Tasse Wasser
115 g braunes Vollkornmehl
1 Teelöffel Öl

Aus Mehl, Öl und Wasser einen Teig machen, einige Minuten kneten, bis er weich und geschmeidig ist, etwas dünner als Tortenteig. Machen Sie aus dem Teig 6 kleine Bälle. Auf einem gutbemehlten Kuchenbrett wird der Teig sehr dünn ausgerollt. Meine Freunde benützten dafür ein besonderes Nudelholz. Eine Eisenpfanne oder Platte stark erhitzen und eine Chipati daraufgeben. Sie müssen einzeln gebacken werden. In weniger als einer Minute wird die Chipati sich aufplustern. Meine Freunde nehmen die Chipati aus der Pfanne und backen sie auf der anderen Seite direkt über der offenen Flamme. Sie machten das großartig. Aber für einen Anfänger scheint es etwas gefährlich. Nach einer Minute ist sie fertig. Sofort buttern, damit sie nicht austrocknen.

Hindutee

55 g Nelken
15 g Kardamom
55 g Ingwer
55 g schwarze Pfefferkörner

Alle Gewürze mischen und feinmahlen. In einem luftdichten Glas aufbewahren. Zu einer Kanne Tee einen halben Teelöffel dieser Mischung geben. Das verleiht dem Tee einen völlig anderen Charakter.

Ökumenische Gastlichkeit

Lionel Blue

Sie sind eine britische oder deutsche Hausfrau, weiß, protestantisch oder katholisch. Sie sind Minderheiten wohlgesinnt und offen für die Reize »exotischer« Religionen. Was tun Sie, wenn Angehörige dieser »exotischen« Religionen tatsächlich zu Ihnen zum Abendessen kommen?

Diese Anleitung gebe ich nur zögernd, weil alle religiösen Minderheiten in diesem Land in verschiedenem Maß kulturelle und religiöse Schocks erlitten haben. Was würden Sie wohl empfinden, wenn Sie in Kairo, Rangoon, Karatschi oder Tel Aviv aufgewachsen wären und die Unterschiede zwischen einem Methodisten und einem Anglikaner herausfinden müßten? Die permissive Gesellschaft des Westens ist von den traditionellen religiösen Gesellschaften des Ostens sehr verschieden und auch sehr schockierend für sie.

Einige versuchen sich streng an die überlieferten Regeln zu halten. Aber viele sind hin- und hergerissen zwischen:

1. den Speisegesetzen, die ihre Großeltern tatsächlich beobachteten,
2. den Speisegesetzen, von denen sie glauben, daß ihre Großeltern sie beobachteten,
3. dem, was sie glauben halten zu sollen,
4. dem, was ihre Freunde von ihnen erwarten, daß sie halten sollen,
5. dem, was sie zu Hause essen würden,
6. dem, was sie, um bei Ihnen essen zu können, als Kompromiß zu tun bereit sind,
7. den Speisegesetzen, die sie selbst immer befolgen.

Es ist sehr schwierig für sie, zwei verschiedene Lebensweisen zu vereinen, und auch für Sie als Gastgeber ist es nicht leicht. Folgendes ist so ungefähr die Richtschnur, an die ich mich halte, wenn ich Gäste habe. Bei Juden kann ich sehr genau sein, weil ich am häufigsten mit ihnen zusammentreffe. Aber wenn auch die Regeln sich unterscheiden, die Probleme sind bei allen orientalischen Religionen etwa die gleichen. Jedoch sollten Sie sich auf alle Fälle erkundigen und Ihre Gäste vorher fragen. Das ist der einzig sichere Weg. Aber fragen Sie taktvoll, nicht grob. Ihre Gäste werden es nicht übelnehmen, im Gegenteil, sie werden erfreut sein. Es wird nicht immer soviel Rücksicht auf sie genommen. Bei einem Empfang für verschiedene Religionsgemeinschaften beobachtete ich einmal, wie man einer bekannten Mohammedanerin, die sogar Ehrengast war, Schweinefleisch und Wein servierte. Das Christentum ist eine großzügige Religion, aber Toleranz und wirkliches Verständnis sind für uns alle moderne Tugenden, keine mittelalterlichen.

Für sehr traditionelle, gesetzestreue Juden sind die Vorschriften so kompliziert und betreffen auch Töpfe, Pfannen, Köche und Nahrungsmittel, daß sie lieber Leute einladen, als sich einladen zu lassen. Sollten sie aber trotzdem kommen, bieten Sie ihnen frisches Obst mit Schale an: Orangen, Mandarinen, Bananen, Kuchen von einem koscheren Bäcker, und benutzen Sie neues Wegwerfgeschirr und – Besteck aus Plastik. Wahrscheinlich sind auch ungeschälte gekochte Eier annehmbar und Dosen mit koscherem Essen, wenn Sie sie nicht öffnen und in Ihren eigenen Töpfen erhitzen. Aber, wie gesagt, sie kommen wahrscheinlich gar nicht. Bei sehr strengen vornehmen Hindus ist es ähnlich.

Hier einige Regeln für die Bewirtung von Juden mit unterschiedlichen und unbestimmten Graden von Gesetzestreue.

Wenn Sie kein Fleisch anbieten, vermeiden Sie viele Schwierigkeiten. Wollen Sie unbedingt Fleisch geben, gehen Sie zu einem koscheren Schlachter. Wenn Sie gewöhnliches Fleisch nehmen, .seien Sie auf höfliche Ablehnung gefaßt. Vor allem halten Sie sich an

Geflügel, Rind oder Hammel. Auf keinen Fall Schweinefleisch oder Kaninchen! Bei einer Mahlzeit mit Fleisch darf es keine Milch in irgendeiner Form geben, zum Beispiel ist Käse verboten, ebenso Kaffee mit Milch; auch die meisten Eiskremsorten. Wie ich schon sagte, ohne Fleisch ist es einfacher.

Bei Fisch ist Milch erlaubt. Die meisten üblichen Fischsorten schmecken gut: Schellfisch, Kabeljau, Seezunge, Scholle, Makrele und Heringe. Schalentiere sind ebenso streng verboten wie Schweinefleisch. Auch Tiere, die sich schlängeln, wie Aal, sind tabu. Lachs ist erlaubt, Seelachs aber nicht. Wie die Menschen ändern auch Tiere ihre Namen. Seelachs war nicht immer Lachs, früher nannte man ihn Katzenhai.

Bei Gemüse gibt es keine Probleme.

Alkohol. Kaufen Sie für sehr strenge Juden koscheren Wein. Bieten Sie keinen *Kiddusch*-Wein an! – Das ist der Wein für den Segen am Freitagabend. Das Etikett sieht zwar sehr heilig aus, aber der Wein ist auch sehr rot, sehr klebrig und sehr süß. Der Tradition nach ist er ein Entzücken für die Seele, aber nicht unbedingt auch für den Gaumen. Auch Ihre jüdischen Gäste würden es Ihnen nicht danken. Sie sind ja zum Essen gekommen, nicht zu einer religiösen Erfahrung. Kinder mögen ihn.

Aber es gibt eine ganze Reihe recht wohlschmeckender Weine, vor allem aus Israel, die den französischen und deutschen Weinen ähneln. Sie sind auch nicht zu teuer. Bei nicht so ganz strengen Juden machen Sie sich keine Sorgen.

Spirituosen sind kein Problem. Aber denken Sie daran, daß Juden mehr essen und weniger trinken – also mehr Erdnüsse und weniger Getränke. Nicht der Alkohol ist die Versuchung der Juden, sondern das Glücksspiel.

Warnung:

Laden Sie nicht während des Passahfestes ein – sieben oder acht Tage im März oder April. Das Verbot von Sauerteig und Mehl macht alles sehr kompliziert. Informieren Sie sich auch über das Datum des Fastens zur Erinnerung an die Zerstörung des Tempels (Tischa-be-aiv) (Juli oder August) und des Versöhnungstages (September oder Oktober). Der religiöse Festkalender der Juden richtet sich nach dem Mond und nicht nach der Sonne. Daher variieren die Daten jedes Jahr. In einem guten Taschenkalender finden Sie aber immer die Daten für diese besonderen Tage. Die meisten Juden sind auch am Freitagabend lieber zu Hause. Es ist der Anfang des Sabbats und eine Familienangelegenheit. Denken Sie auch daran, daß Fleisch nicht rot und blutig aussehen muß, um Fleisch zu sein. Talg ist Fleisch, Schmalz ist Schwein, und Brühwürfel müssen sorgfältig geprüft werden.

Aber diese Schwierigkeiten sollten Sie nicht so verwirren, daß Sie den Kontakt mit Ihren jüdischen Freunden auf das Telefon beschränken. Sie müssen sich nur auf Ihren angeborenen Takt und gesunden Menschenverstand verlassen. Sie sollen zwar der Hüter Ihres Bruders sein, aber nicht seine Kinderfrau.

Die Regeln für Moslems sind ähnlich, aber einfacher als für Juden. Ein frommer mohammedanischer Freund mit geringen Englischkenntnissen faßte einer Kellnerin gegenüber seine religiösen Speisevorschriften folgendermaßen zusammen. Er sagte: »Bitte kein Schwein, keinen Wein.«

Noch einmal, auch hier gehen Sie einer Menge Schwierigkeiten aus dem Weg, wenn Sie Fleisch weglassen. Wenn Sie Fleisch geben, muß es *Hallal*-Fleisch von einem moslemischen Schlachter sein. Auch koscheres Fleisch ist für Moslems annehmbar. Bei Milch und Schalentieren gibt es keine Vorbehalte.

Alkohol ist ganz verboten. Sehr strenge Moslems essen nicht an einem Tisch, an dem es Alkohol gibt. Im Westen lebende Moslems nehmen es aber nicht übel, vorausgesetzt, es wird ihnen kein Wein aufgedrängt, sondern etwas anderes angeboten. Stellen Sie Ihren moslemischen Gästen diskret eine Flasche unvergorenen Traubensaft oder Apfelsaft hin, und lassen sie sich selbst bedienen.
Denken Sie daran, daß der *Ramadan* etwa einen Monat dauert; der islamische Kalender ist wie der jüdische ein Mondkalender. So lange wird jeden Tag von Sonnenaufgang bis Sonnenuntergang gefastet. Wenn Sie in dieser Zeit Moslems einladen wollen, müssen Sie sich darüber informieren, wann die Sonne bei Ihnen untergeht. Nehmen Sie also einen guten Kalender. Ramadan fällt zwischen August und Oktober.
Viele Sikhs und Hindus haben ähnliche Bräuche. Auch ein sehr strenger Hindu wird wegen seiner Speisegebote nicht bei Ihnen essen wollen. Aber die große Mehrheit paßt sich den Realitäten des Westens an. Wenn Sie sich an Gemüse halten und Alkohol weglassen, sind Sie auf ziemlich sicherem Grund, weil es der traditionellen Diät nahekommt. Fleisch, Zigaretten und Spirituosen sind für Hindus ein Ärgernis. Ihr Vorhandensein in einem Hinduhaushalt kennzeichnet den Grad der Assimilation an den Westen. Kuhfleisch ist auf jeden Fall verboten. Die Kuh und ihre Milch sind mit der Vorstellung der Mutter verbunden – es sind die sanften Lebensspender eines indischen Dorfes. Auch in Europa sind solche Gefühle nicht unbekannt. In Nordholland gibt es das Denkmal einer Kuh mit der Inschrift »Unsere Mutter«. Für eine bäuerliche Gesellschaft ist der Ausdruck »Heilige Kuh« kein Fluch oder Witz.
Wenn Sie zu Ihren indischen Gästen besonders höflich sein wollen, begrüßen Sie sie mit zusammengelegten

Händen und einer Verbeugung. Reden Sie einen Sikh mit *Sardar* an, das heißt »Herr« und ist das Äquivalent zum englischen »Sir«. Die Inder sind zwar ein heiteres Volk mit einem Charme, der dem irischen ähnelt. Dennoch haben sie an einer gewissen altmodischen Höflichkeit große Freude.

Bei den Sikhs gibt es kein Kastensystem. Vergessen Sie aber nicht, daß Rauchen für sie nicht nur ein Ärgernis, sondern ihnen auch strengstens verboten ist. Es ist ein Narkotikum, das den Willen untergräbt und Gottes wertvollstes Geschenk – die Freiheit – vermindert.

Wenn Sie in einen Hinduhaushalt eingeladen werden, nehmen Sie keinen Anstoß an den Statuen und Götzenbildern. Es sind Objekte der Frömmigkeit, ähnlich den Heiligenbildern und Rosenkränzen, wie man sie in Südeuropa in katholischen Häusern findet. Oft gibt sich der Gastgeber große Mühe, etwas für Sie Passendes auszuwählen. Bei einem Abendessen in einer Hindufamilie fragte ich nach den Idolen und erfuhr, daß sie für mich besonders ausgesucht seien. Mein Freund hatte nach gründlicher Überlegung die Göttin des Wohlstandes gewählt und ein Bild, das die Wirklichkeit hinter den gesamten Offenbarungen Gottes darstellt. Eine interessante Wahl.

Im 18. Jahrhundert sagte Bischof Warburton: »Orthodoxie ist meine Doxie, und Heterodoxie ist eines anderen Mannes Doxie.« Die meisten Menschen halten ihre eigenen Bräuche für selbstverständlich und vernünftig und finden die Bräuche anderer Völker seltsam und barbarisch. Dabei ist alles hauptsächlich Gewohnheit. Seien Sie nicht snobistisch in bezug auf Ihre eigene Gesellschaftsform, und stellen Sie nicht etwas als ewige und allgemeingültige Regel auf, was Ihnen heute und hier richtig zu sein scheint. Wenn Sie zum Beispiel ein traditionstreues Ehepaar aus dem Orient zum Abendessen eingeladen haben, wird die Ehefrau vielleicht nicht mitkommen, weil sie keine fremden Männer treffen oder nicht in einem öffentlichen Restaurant essen möchte. Das ist ihr gutes Recht, und sie wird von ihrem Ehemann nicht dazu gezwungen. Es ist auch keine Beleidigung für Sie. Jede Gesellschaft hat ihre eigene Vorstellung von dem, was schicklich und anständig ist, und über die Rollenverteilung von Mann und Frau. In einer pluralistischen Gesellschaft müssen diese verschiedenen Vorstellungen Seite an Seite leben. Aber wenn Sie eine Frau sind und diese Dame gern bei sich sehen möchten, laden Sie sie ein andermal ein, und sagen Sie ihr, daß es eine Damengesellschaft sei und daß Sie ihren Standpunkt verstehen – teilen müssen Sie ihn nicht.

Wenn Sie ungeduldig werden, bedenken Sie, daß all diese Vorschriften, Gesetze und Bräuche ihre Wurzeln in den heiligen Schriften haben. Sie werden sie besser verstehen, wenn Sie sich darüber klar sind, daß sie nicht für sich gesehen werden dürfen, sondern als Teil in einem religiösen Gesamtzusammenhang, der seit Jahrtausenden Kulturen und Zivilisationen geformt hat. Bedenken Sie auch, daß in manchen Religionen Essen ein heilige Handlung ist. Es muß mit Sorgfalt geschehen, weil Gottes Wille dabei im Spiel ist. Es ist eine Art Sakrament.

Sorgen Sie zum Beispiel dafür, daß Ihre Gäste sich vor dem Essen die Hände waschen können. Es ist für die meisten nicht nur ein hygienisches Bedürfnis, sondern auch eine rituelle Vorschrift. Es liegt zwar auf einer anderen Ebene, aber ein Pfarrer oder Priester wäscht sich bei der Eucharistiefeier ebenfalls die Hände. Auch er bereitet Nahrung vor. Für Moslems und Hindus sind Sandwiches in ungewaschenen Händen schockierend. Überlieferungsgemäß ist die rechte Hand zum Essen da und die linke für die Hygiene. Es können sogar zwei Waschungen nötig sein, eine zur

Reinigung und eine als Ritual. Die Waschung muß unter laufendem Wasser vorgenommen werden, nicht in stehendem. Wasser aus dem Hahn ist in Ordnung und auch Wasser, das aus einem Krug gegossen wird. Aber im Becken stehendes Wasser ist nicht gut, weil der eigene Schmutz nicht weggespült wird.
Werden Sie nicht ärgerlich, wenn Angehörige orientalischer Religionen Ihren Hund nicht streicheln wollen, besonders nicht bei Tisch. Sie haben nichts gegen Tiere. Sie und Ihr Liebling sind nach östlicher Lehre auf einer tieferen und intimeren Ebene verbunden, als Sie es wahrhaben möchten. Beide sind Sie Offenbarungen der Gottheit oder der höchsten Wirklichkeit. Aber im Orient haben die Hunde Tollwutviren und Schweine Bandwürmer; deshalb ist man daran gewöhnt, sie auf Abstand zu halten. Minderheiten, die in der Vergangenheit lange verfolgt wurden, verhalten sich manchmal ähnlich, wenn auch aus anderen Gründen. In Osteuropa wurden zum Beispiel die Hunde auf jüdische Händler gehetzt. Und vor einer Generation war das Schild »Keine Hunde, keine Juden« in Europa nur allzu bekannt. Wenn auch die Juden jetzt vielfach ziemlich begeisterte Hundefreunde geworden sind (der Verfasser eingeschlossen), so mußten doch eine Menge Ressentiments überwunden werden.

„Herr, hilf der Köchin"

June Rose

»In this kitchen
Lord I pray
Help the cook
Another day.«

»In dieser Küche
Herr ich bitt
Hilf dem Koch
Auch heute mit.«

So lautet das Gebet über Schwester Tessas Küchenherd. Dort schafft und kocht sie, organisiert und bereitet Mahlzeiten an Fest- und Feiertagen für Buddhisten und Geschäftsleute, Priester und Bewährungshelfer, ökumenische Versammlungen und Gruppen der Begegnung. Ammerdown Study Centre ist ein moderner Zweckbau neben einem stattlichen Wohnhaus. Hier treffen sich Weltleute und Geistliche zu Konferenzen und Besprechungen. Schwester Tessa muß für alle planen und kochen: für verwandte Geister und für geschäftige Manager.
Ammerdown Conference Centre bietet die Möglichkeit einer Begegnung in christlicher, aber nicht doktrinärer Umgebung an. Außer Schwester Tessa lebt und arbeitet dort noch eine kleine Kommunität von fünf Sionsschwestern. Diese Gemeinschaft wurde in der Mitte des 19. Jahrhunderts von zwei jüdischen Konvertiten gegründet. Daher fühlen die Sionsschwestern eine besondere Berufung, religiöse, kulturelle und rassische Vorurteile durch ihren Unterricht und ihre Sozialarbeit zu überwinden.
In der Nachkriegszeit hat sich der Orden immer mehr mit anderen Glaubensbekenntnissen beschäftigt. Die römisch-katholische Kirche hat nähere Beziehungen zum Judentum angeknüpft, und die Sionsschwestern bemühen sich, Freundschaft und Verständnis zwischen Juden und Katholiken zu fördern. Zu ihrer Ausbildung gehört ein spezielles Studium des Judentums und der jüdisch-christlichen Beziehungen.
Schwester Tessa setzt in der Küche in Ammerdown ihren Pluralismus in die Praxis um.
»Das gemeinsame Essen trägt zur guten Atmosphäre

einer Konferenz bei. Die Mahlzeit kann als Sprungbrett für eine ernsthafte Diskussion, für gemeinsame Erfahrungen und religiöse Gedanken dienen. Beim Essen entspannt man sich und kann dann leichter über wesentliche Dinge sprechen.
Einen Kochtopf liebt man nicht eigentlich, aber die Liebe zu den Menschen, für die man kocht, kann ihren Ausdruck schon im Küchenplan finden, in dem, was man anbietet, und vor allem in der Sorgfalt, mit der man die Mahlzeiten zubereitet. Sogar zum Kartoffelschälen und Karottenputzen braucht man eine gewisse Liebe und Hingabe. Sonst wird es bald zur Plackerei. Man muß mit seinem ganzen Sein kochen, um etwas daraus zu machen.
Ich versuche jedem Gericht, das ich bereite, eine besondere Note zu geben, damit man merkt, daß sich jemand Mühe gegeben hat. Auch wenn ich nur Makkaroni mache. Ich brate immer Speck und Zwiebeln aus und tue sie in die Sauce. Natürlich nicht für Juden!
Ich glaube, daß ich mir größere Mühe gebe, das Essen bekömmlich und appetitlich zu machen, wenn wir eine religiöse Gruppe haben, weil ich weiß, daß Essen ein Teil ihres religiösen Lebens ist. Aber es macht mir Freude, wenn sich alle im Conference Centre zu Hause fühlen.«
Schwester Tessas Haushaltsplan richtet sich nach Zeit und Geld und auch nach den Nahrungsmitteln der verschiedenen Jahreszeiten. Manchmal muß sie sich behelfen.
»Ich mache meine Saucen gern selbst, aber wenn es schnell gehen soll, nehme ich eine Dose kondensierte Pilzsuppe mit ein paar frischen Pilzen für ein Hühnerfrikassee. Eine Dose kondensierte Linsensuppe ergibt eine gute Sauce für ein Fischgericht – dann merkt man, daß sich jemand um das Menü Gedanken gemacht hat.«

In der modernen Küche, die sie selbst mitentworfen hat, kocht und plant Schwester Tessa für dreißig bis vierzig Personen. Sie empfängt ihre Gäste gern mit selbstgemachter Suppe, und es gibt mindestens einmal in der Woche Pellkartoffeln, in England eine Seltenheit. Die Männer essen immer gern deutsches Beefsteak und Kartoffelchips.

Schwester Tessa war als Kind in einem Internat der Sionsschwestern. Sie entschloß sich, in den Orden einzutreten, weil sie bei ihren Lehrerinnen ganz besondere Eigenschaften fand.

»Ihr Gebetsleben war so, daß man sich zu ihnen hingezogen fühlte«, sagte sie. Nach einer hauswirtschaftlichen Ausbildung widmete sie sich mit großer Freude dem Kochen für Menschen verschiedener Religionen als ihrer ganz besonderen Berufung. Sie ist eine eifrige, ziemlich ernste Brünette von einunddreißig Jahren und immer darauf bedacht, ihre kulinarischen Fertigkeiten weiterzuentwickeln. Im Augenblick besucht sie wieder einen Kursus.

»Glücklicherweise habe ich ein sehr ruhiges Temperament. Ich rege mich nicht auf. Als ich einmal eine Eier- und Speckpastete fallen ließ, stürzte sie mit der Oberseite nach unten. Ich schnitt also auch die anderen Pasteten in kleinere Stücke.« Ihre Küche ist, wie sie selbst, ausgesprochen englisch, nicht exotisch, das würde ihrem Temperament nicht entsprechen, und nicht extravagant, das würde dem Stil und dem Geldbeutel des Hauses nicht entsprechen. Ihre Süßspeisen erinnern mich an meine Kindheit.

Man hat mir erzählt, daß starrköpfige Direktoren, der dauernden Krabbencocktails, Steaks und Zabaglione überdrüssig, nach den einfachen Kuchen und Pasteten von Schwester Tessa verlangen.

Schwester Tessas überbackener Apfelauflauf

Füllung

910 g große Kochäpfel
225 g Datteln, möglichst entsteint
2 Eßlöffel Demerarazucker
140 ml Wasser

Deckel

225 g braunes Mehl (Vollkornmehl)
115 g Margarine
55 g feiner brauner Zucker (dunkel)

Für den Deckel

Margarine und Mehl zusammen verreiben wie für einen Tortenteig, bis sie sich wie feine Brotkrumen anfühlen. Mit dem braunen Zucker gut mischen.

Für die Füllung

Die Äpfel schälen und in Scheiben schneiden, die Datteln hacken und beides mischen. Das Obst in eine feuerfeste Schüssel geben und den Zucker darüber streuen. Wasser dazu, bis das Obst beinahe gedeckt ist, und den Streusel obenauf. 30–35 Minuten im heißen Ofen backen (200° C, Gas 6).
Durch das Vollkornmehl bekommt dieser Streusel seinen besonderen Geschmack und seine Konsistenz.

Mrs. Hughes' Rezept für Hühner-, Schinken- oder Putenfrikassee

Das Rezept stammt von Tessas Mutter und ist eine gute und einfache Art, Reste von Weihnachten zu verwenden.

55 g Margarine
55 g Mehl
280 ml Geflügelbrühe (oder Brühwürfel)
Pfeffer nach Geschmack
680 g gekochtes Huhn, Schinken oder Puter
115 g geschnittene Champignons
Knoblauchsalz

Die Margarine auf kleinem Feuer zergehen lassen, die Pilze dazugeben und weichdünsten. Nach und nach unter dauerndem Rühren mit einem hölzernen Löffel das Mehl dazugeben. Mit der Brühe aufgießen und rühren, bis die Sauce ganz glatt ist. Wenn sie zu dick ist, Wasser hinzugeben. Mit Knoblauch, Salz und Pfeffer würzen. Das gekochte Fleisch dazugeben und in der Sauce erhitzen. Mit Reis servieren. Das Gericht läßt sich je nach der Menge Reis, die man nimmt, verlängern und ist nach den Festen ein leichtes und angenehmes Essen.

Neben dem Kochen für die Konferenzen versucht Schwester Tessa auch die Feiertage der kleinen Schwesternkommunität mit besonderen Gerichten festlich zu gestalten.

»Religion und Kochen gehen Hand in Hand. An Festtagen feiern wir die Messe besonders und bereiten uns sorgfältig und mit Gebet darauf vor.

Wir bitten möglichst einen befreundeten Priester, die Messe mit uns zu feiern. Wir erklären dem Kurs, warum wir feiern, und laden zur Teilnahme ein. Es wird fast ausnahmslos von der Einladung Gebrauch gemacht.

Während des Tages verbringt die Kommunität einige Zeit gemeinsam und feiert nicht nur mit Essen, sondern freut sich auch miteinander, und wir achten darauf, daß wir der Gelegenheit entsprechend angezogen sind.«
Eine besonders beliebte Süßspeise für Feste, Geburtstage und andere Feiern ist Tessas Zitronencreme. Sie schmeckt köstlich, ist einfach zu machen und läßt sich, wie alle ihre Rezepte, leicht strecken. Dies Rezept ist für sechs gedacht, reicht aber auch für acht.

Zitronencreme

1 Zitrone
280 ml Schlagsahne
80 g Staubzucker
2 Eßlöffel Sherry (Tessa sagt, daß süßer Sherry am besten schmeckt. Ich nahm einen trockenen Fino [herber weißer Sherry] und fand, daß es ebensogut schmeckte.)

Die Zitrone auspressen, die Schale abreiben. Alle Zutaten in eine Porzellanschüssel geben und zusammenschlagen, nicht zu stark, nur bis es gerade schaumig ist. In kleine Schüsseln füllen und kühlstellen, nicht zu lange stehenlassen, sonst teilt sich die Creme.

„Mehr als hundert will ich nicht..."

June Rose

»Ich glaube nicht, daß unsere Religion viel mit Essen zu tun hat«, sagte Mrs. Kanwaljit Kaur. Das war eine Ansicht, die mir oft begegnete. »Aber bitte kommen Sie zu mir, wenn Sie wollen.«

Alle Sikhfrauen tragen den Titel Prinzessin, und Kanwaljit Kaur begrüßte mich mit echt königlicher Würde in ihrem schönen Haus in Wimbledon.

Kanwaljit Kaur, eine kleine dunkeläugige Frau in einem Hosenanzug, hat den offenen Blick, die aufrechte Haltung und die anmutige Schlichtheit der Umgangsformen, die von einer fünfhundert Jahre alten Tradition weiblicher Emanzipation zeugen. Sowohl in der Religion wie in der Gesellschaft haben die Sikhfrauen den gleichen Status wie die Männer. Vor kurzem, als die Männer im *Gurdwarah,* dem Tempel oder Versammlungshaus, in Smethwick miteinander stritten, setzten die Frauen sie einfach vor die Tür und übernahmen ihre religiösen Funktionen.

Als Ehefrau und Mutter von zwei Töchtern lebt Kanwaljit das Leben einer modernen Europäerin. Sie unterrichtet in einer örtlichen Schule und fährt ihren Wagen – mit einem Gebet in Punjabi am Armaturenbrett. Sie ist eine loyale und fromme Anhängerin ihrer Religion und deren Überlieferungen und hat ein Buch über die Lebensweise der Sikhs geschrieben.

Ihr Leben organisiert Kanwaljit umsichtig. Sie kocht einmal in der Woche, am Sonntag, für ihre Familie und stellt dann das Essen in eine Kühltruhe.

»Einmal in der Woche koche ich gern, jeden Tag möchte ich es nicht.« Manchmal hält sie eine Gebetsversammlung in ihrem Haus ab, und dann kocht sie für alle Teilnehmer. Aber »mehr als hundert will ich nicht, wenn die Versammlung bei mir ist«, sagt sie in aller Ruhe.

»Die Religion der Sikhs ist sehr einfach und sehr demokratisch«, erklärt sie mir, während sie in ihrem Gram-Curry rührt, »es gibt keine Priesterklasse.«

Jedweder Kastengeist ist in der Tat bei den Sikhs ausdrücklich verboten. Der Gründer des Sikhismus und erste Sikh-Guru Nanak (1469–1539), richtete eine unentgeltliche Gemeinschaftsküche ein. Ein späterer Lehrer, Guru Amar Das, vergewisserte sich immer, daß alle seine Besucher gemeinsam aßen.

»Jeder, der mit mir sprechen will, muß mit mir essen«, sagte er. Seine Schüler brachten allen, die kamen, etwas zu essen, ohne Rücksicht auf Glaubensbekenntnis oder Kaste. So wurde die Küche zum Symbol der Gleichheit aller Menschen, ob hoch oder niedrig, reich oder arm, Gelehrter oder Unwissender, Priester oder Unberührbarer. Dieses demokratische Teilen hat dazu beigetragen, das Kastensystem zu beseitigen.

Wenigstens einen Teil ihres Tages verbringt Kanwaljit Kaur mit der Lektüre ihrer heiligen Schriften, und die Familie versucht, jede Woche an einem Gottesdienst teilzunehmen.

»Manchmal dauert ein Gottesdienst fünf Stunden«, sagte sie. »Dann wird es schwierig mit meinen Töchtern. Sie fangen an, zappelig zu werden. Also gehe ich erst eine Stunde vor dem Schluß hin. Die Mädchen freuen sich, weil sie ihre Freunde treffen und eine Mahlzeit bekommen.«

Der Gottesdienst besteht aus Lesungen aus dem *Adi Granth,* der Heiligen Schrift der Sikhs, und dem Gesang von Hymnen, die gewöhnlich von einem Harmonium und einer großen Trommel begleitet werden.

Dem Adi Granth wird Respekt und Ehrerbietung bezeugt, so wie die Juden den Fünf Büchern Mose Ehre erweisen. Die Sikhs verbeugen sich tief vor dem Buch, hüllen es sorgsam in ein reichbesticktes Tuch und verwahren es auf seidenen Kissen auf einem hohen Pult unter einem Baldachin. Die Feier endet immer mit dem *Ardas,* einem Gebet, das dem Vaterunser ähnelt. Man betet es stehend. Dann verbeugen sich alle vor dem Heiligen Buch und sprechen gemeinsam: *»Wehguru ji ka Khalsa, Siri Waheguru ji ki Fateh«,* »Heil dem Khalsa des wunderbaren Herrn, der immer siegreich ist«. »Khalsa« ist ein 1699 gegründeter Orden der Sikhs. Seine fünf Merkmale oder Symbole sind die fünf K, *Kesas, Kanga, Kachcha, Kirpan* und *Kera,* das heißt: Kamm für die ungeschnittenen Haare, kurze Hosen, Schwert und eiserner Armreif. Wegen des langen Haares tragen die Sikhs einen Turban.

Sie beenden den Gottesdienst mit einem temperamentvollen *»Sat Siri Akal«,* das heißt »Gott ist Wahrheit«.

Nach der Feier gibt es Süßigkeiten. Die rituelle Süßigkeit, *Kara Prashad,* die während der Kulthandlung einen Ehrenplatz neben dem Heiligen Buch eingenommen hatte, wird an alle Mitglieder der Gemeinde ausgeteilt. Dieser »heilige« Pudding wird zu gleichen Teilen aus Gries oder Mehl mit Butter und Zucker zu einem dünnen Teig gekocht, damit er leicht zu essen ist und den sehr Jungen und sehr Alten schmeckt. Alle essen mit der Hand. Jedermann ist willkommen.

»Wenn ich das Essen für ein Gemeindetreffen plane, mache ich gewöhnlich etwas ganz einfaches, wie Gemüse-Curry etwa, so daß niemand verlegen zu sein braucht, wenn er kein so hervorragender Koch ist, und niemand seinen Nachbarn zu übertrumpfen versucht. Es handelt sich darum, gemeinsam zu essen, die Nahrung zu teilen. Besonders nett ist, daß alle mit dem zufrieden sind, was sie bekommen, und niemand murrt, auch wenn er nur eine halbe Chipati bekommt. Wir dürfen zwar Fleisch essen, meistens geben wir aber Gemüse, weil sich das jeder leisten kann.«

Rituell geschlachtetes Fleisch, wie es die Juden und Moslems essen, ist den Sikhs verboten.

»Die einzige Gelegenheit, bei der wir Fleisch geben,

ist die Feier zur Gründung des Khalsa«, setzte Kanwaljit hinzu.
»In unserer Religion gibt es wirklich nur sehr wenige Verbote. Wir dürfen keinen Alkohol trinken, nicht rauchen und keine Drogen nehmen. Das heißt, man darf nichts tun, was die Konzentration beeinträchtigt oder die Aktivität vermindert. Zu den Mahlzeiten trinken wir Orangensaft, Wasser oder Tee.
Hier in Wimbledon kommen wir sehr gut mit unseren Nachbarn aus. Oft besuchen uns einige englische Freunde zum Essen. Mein Mann und ich arbeiten in den örtlichen Ausschüssen mit, und ich bin Mitglied verschiedener Frauenorganisationen. Natürlich stößt man gelegentlich auch auf Vorurteile. Bei jeder Versammlung von zwanzig Leuten erwarte ich mindestens einen mit Vorurteilen gegen Farbige. Ich finde, man muß den ersten Schritt tun und freundlich sein.«
Während unseres Gesprächs war das Mittagessen ohne Aufregung und Nervosität bereitet. Ihre Tochter in Schuluniform – mittlerweile zieht sie Fischstäbchen jeder indischen Delikatesse vor – setzte sich zu uns und aß mit uns. Das war unser Essen:

Gram-Curry*
für zehn reichliche Portionen

455 g getrocknete Gram, ähnlich wie Kichererbsen, bei jedem indischen Händler erhältlich
2 Eßlöffel Öl oder Butter
1 Teelöffel Senfkörner
2 Teelöffel Chilipulver
3 Teelöffel Salz
3 Teelöffel getrocknete, gestoßene Mangoschale oder
1/4 Teelöffel Zitronensäure

* Curry ist in Indien kein fertiges Gewürz wie bei uns. Jede Familie und jede Region hat ihre eigene Mischung, auch je nach Gericht.

Gram über Nacht einweichen und abtropfen lassen. Wenn das Öl im Topf heiß ist, Senfkörner, Chilipulver und Salz hinzufügen.
Die Bohnen zerdrücken und hineinrühren. Dann etwa 1200 ml kochendes Wasser dazugeben sowie die Mangoschale oder Zitronensäure und zwei bis drei Stunden kochen lassen. Wenn man einen Teelöffel Backpulver hinzugibt, ist der Curry in 1½ Stunden fertig.
Gelegentlich umrühren, abschmecken und darauf achten, daß der Curry nicht zu trocken wird.

Sikh Gemüse-Curry

Das Rezept für Linsen finden Sie auf Seite 120.

455 g Bohnen, Blumenkohl, Karotten oder Spinat
2 große Kartoffeln, in dünne Scheiben geschnitten
2 Eßlöffel Öl
¾ Teelöffel Turmeric
¼ Teelöffel Senfkörner (wahlweise)

Das Öl in einer großen Pfanne erhitzen, sorgfältig die Zutaten hineingeben. Salz und Chili nach Geschmack. Auf sehr kleinem Feuer kochen, bis es gar und schmackhaft ist; etwas Wasser hinzufügen, damit es nicht anbrennt.
Zu unserem Essen servierte Kanwaljit auch selbstgemachten Joghurt und gekochte Kartoffeln, die üblichen Beilagen eines Gemeinschaftsessens.

Samosas

Das sind pikante Happen. Kanwaljit bot sie mir zum Kaffee an. Man ißt sie auch zum Tee.

455 g Kartoffeln
225 g gekochte Erbsen oder Blumenkohl
225 g einfaches Mehl
1/2 Teelöffel gemischte Gewürze
Salz und Chilipulver nach Geschmack
2 oder 3 grüne Chilis
3–4 Eßlöffel Öl

Die Kartoffeln kochen, pellen und zerdrücken. Die grünen Chilis fein hacken und Erbsen und Gewürz dazugeben. Das Mehl mit etwas Wasser, 1/4 Teelöffel Salz und 2 Eßlöffeln Öl mischen und leicht zu einem Teig kneten. Kleine Teigbälle machen, dünn ausrollen und halb durchschneiden. Einen guten Teelöffel Füllung daraufgeben und zu einem Dreieck zusammenklappen. Die Kanten mit etwas Wasser oder Milch bestreichen, damit sie zusammenhalten. In schwimmendem Fett ausbacken, auf Fließpapier abtropfen lassen und servieren.

Von dunklen Nächten und frommen Picknicks

Lionel Blue

Klöster spielen eine wichtige Rolle in meinem Leben. Ich habe mich immer zu ihnen hingezogen gefühlt. Da ich ein Rabbi bin, muß ich das erklären, sogar mir selbst, aber ich kann es nicht wegerklären. Einmal liegt es daran, daß ich das Gemeinschaftsleben liebe. Ich mag nicht allein frühstücken oder allein abwaschen. Ich würde nie den Tisch für mich allein decken mit einer Serviette neben dem Teller. Ich würde mit den besten Absichten anfangen, dann aber bei einer Dose gebackenen Bohnen enden und schließlich sogar den Teller weglassen. Mit Gebeten geht es mir nicht anders, und ich glaube, ohne eine äußere Unterstützung würde ich bei dem geistigen Äquivalent von kalten gebackenen Bohnen enden. Abgesehen davon freue ich mich über das Morgengeläut der Klöster und genieße es, aus den Beklemmungen des Erwachens direkt in die Kleider und das Gebet hineinzufahren.

Auf einer tieferen Ebene gehe ich der Stille wegen hin. In meinem beruflichen Leben ist sie nur schwer zu finden. Juden sind redselig. Aber in den Klöstern findet man noch jede Menge erstklassiger Stille, und in dieser Stille kehrt sich mein Inneres nach außen – ein eigentümliches, aber notwendiges Erlebnis. In der Stille geht es mir auf, daß Gott wirklicher ist als ich selbst, und manchmal beginne ich Ihn zu lieben und werde sozusagen in Ihn hineingezogen.

Ich bin gerne in Klöstern, aber ich gehe nicht gerne hinein. Wenn ich durch die Türe trete, überfällt mich dasselbe Gefühl der Verlassenheit, das ich als Kind empfand, wenn ich in den Evakuierungsschlangen wartete und die Marksteine meines Lebens langsam verschwanden. Zunächst ist der Geruch so fremd – Religionen riechen, nicht unangenehm, aber wie unsere Körper hat jede ihren eigenen Geruch. Der katholische Geruch ist anders als der jüdische. Es riecht nach Fisch, Weihrauch, Bohnerwachs und

Gemüse. Der jüdische Geruch, der mir vertrauter ist, setzt sich zusammen aus Öl, Zimt, klebrigem Rotwein und Kerzen. Der Hindugeruch ist mit Kardamom und Kümmel gewürzt. Die protestantischen Gerüche sind schwer bestimmbar, aber in den Versammlungsräumen der Quäker ist ein Geruch von Heiligkeit, den ich nicht erklären kann. Wie auch immer, einige Religionen riechen, andere nicht. Ich fühle mich aber mehr bei denen zu Hause, die es tun. Wenn die Religion wirklich alle Bereiche unseres Lebens durchdringt, bleibt dem Heiligen Geist nichts anderes übrig, als sich mit dem Geist in den Flaschen und dem Küchendunst zu mischen; die beiden Wirklichkeiten, in denen wir leben, müssen einander durchdringen und sich vermischen. Für Abendländer sind die starken Gerüche der orientalischen Religionen ein Problem. Gott kommt auf vielerlei Weisen zu den Menschen. In theologischen Seminaren sickert er langsam ins Gehirn, aber in orientalischen Traditionen neigt er dazu, auch durch die Nase einzudringen.

Das Essen in einem Kloster ist eine merkwürdige Sache, die ich ungeheuer genieße. Jedes intensive Erlebnis macht mich hungrig, und Liebe, menschliche wie göttliche, hinterläßt einen gesunden Appetit. Andere finden das anscheinend auch, denn das Frühstück in einem Kloster ist ein deftiges Vergnügen, die Krönung einer Stunde der Meditation. Viele Klöster haben eine Art alten Herd. Der Porridge kocht also über Nacht und ist kremig und köstlich. In England ißt man große Stücke irisches Sodabrot dazu, dick mit Butter oder Fett bestrichen. Die Wahl von Konfitüre oder Marmelade gleicht einem Roulettespiel, denn die Etiketten und Flaschen sagen nichts über ihren Inhalt aus. Wenn man Pech hat, bekommt man fabrikgemachten, gefärbten Mangold mit Plastikkernen, aber ebensogut kann man etwas ganz Köstliches erwischen, das nur von einem erstklassigen

Delikatessengeschäft oder einem befreundeten Frauenkonvent stammen kann. Wie beim Roulette kann man seine Wahl nicht rückgängig machen. »Rien ne va plus«! Wenn man seinen Teller nicht leer ißt, verschwendet man nichts; es wird einem bei der nächsten Mahlzeit wieder vorgesetzt, und niemand kasteit sich gerne zweimal.

Wenn man ein Klosterfan wird, wählt man sich einen bestimmten Orden. June geht nach St. Julian, das von einer anglikanischen Schwesternschaft geführt wird. Sie servieren ihren Gästen im Bett das Frühstück mit liebevoller Fürsorge und versuchen Leib und Seele zur Ruhe kommen zu lassen. Ich selbst fühle mich zu den unbeschuhten und anspruchslosen Karmeliten hingezogen, die mit Bescheidenheit und Humor die mystischen Gipfel des Berges Karmel ersteigen.

In einem ihrer Häuser verwandten die Novizen ihren Scharfsinn auf die Vermeidung von Verschwendung. Sie würzten die Reste und nannten das Ergebnis »Mischmasch«. Sie machten es in einer großen Pfanne über Nacht. »Mischmasch« enthielt Reste von Porridge und Sardinen, Johannisbeeren und Pastinaken und allem, was in der vergangenen Woche übriggeblieben war. Es war ein aufregendes und unstabiles Gericht. Manchmal bestand es nur aus Porridge und Sardinen mit Gewürz, ein anderes Mal wurde es zu einer überraschenden Köstlichkeit. Ich lernte es nie, im Schweigen eine dritte Portion zu erbitten. Vielleicht war Schweigen die geheime Zutat. Niemals habe ich das Essen so genossen wie in der Ruhe, Stille und Freundlichkeit eines klösterlichen Refektoriums.

Ohne daß sie darum wußten, waren für sie, wie auch für mich, Kochen und Spiritualität verwandt. Ihre Küche war ein so glücklicher Ort. Aus Neugier fing ich an, ihre Überlieferungen zu studieren, und es überraschte mich nicht, daß die heilige Theresia eine Vision beim Eierkochen hatte und daß Bruder Laurentius, der »Leben in der Gegenwart Gottes« geschrieben hat, diese Gegenwart bei seiner Arbeit in der Klosterküche erfuhr.

Sacra conversazione

Pater Ross ist Karmelit, und durch ihn begann ich mich für die großen Mystiker seines Ordens zu interessieren, die heilige Theresia und den heiligen Johannes vom Kreuz. Es wäre töricht, das uns Trennende zu unterschätzen. Da sind die dogmatischen Unterschiede und die Unterschiede der Überlieferung und vor allem die grundlegende Verschiedenheit der Weltanschauung. Er möchte, glaube ich, der Welt absterben, während ich einen Weg suche, in ihr zu leben. Wie viele Kontemplative, die ich getroffen habe, scheint er auf der anderen Seite des Spiegels zu sein, und ich sehe nur gelegentlich, wie die Welt ist, wenn sie auf den Kopf gestellt ist oder wenn man durch den Spiegel hindurchgegangen ist oder durch ein religiöses Kaninchenloch. Wenn er mir den Weg durch die mystische Theologie erklärt, muß ich mich manchmal festhalten. Mich überfällt dabei wirklich dasselbe Schwindelgefühl wie beim Beginn des Talmudstudiums.

Zweifellos erleichtert Essen unsere merkwürdigen Unterhaltungen. Für Partys mit religiösem Hintergrund hatte ich immer eine Vorliebe, fand aber nie genügend Vorwände dafür. Pater Ross führte mich in die *Sacra Conversazione* ein. Es ist die einzige Art Picknick, die mir jemals Spaß gemacht hat. Sie vereint Essen und Spiritualität, die einzigen Freuden, die mit dem Alter zunehmen. Zu dritt saßen wir auf einer Decke im Garten mit einer Flasche Pastinakwein und Erdnüssen und sprachen über »Die dunkle Nacht der Seele« und die Wüstenväter.

Mein Menü für solche Conversazione wäre etwas reichhaltiger, wenn ich mich auch bemühen würde, innerhalb der hierfür gebotenen Grenzen zu bleiben. Warum nicht eine richtige Flasche Wein? Eine Flasche Wein aus dem Heiligen Land wäre angemessen, in einem Bach gekühlter Karmelweißwein zum Beispiel, oder in der Sonne, nicht in einem Regal, temperierter Karmelrotwein. Und dazu könnte man vom Omelett der heiligen Theresia essen.

St. Theresias Omelett

Als die Juden aus Spanien vertrieben wurden, warf man ihnen vor, sie belästigten die Christen, weil sie mit zuviel Zwiebel und Knoblauch kochten. Von Spaniern ist das eine merkwürdige Kritik, und wahrscheinlich verdankt die moderne spanische Küche den Juden mehr, als sie weiß. Es gibt kein Rezept für Theresias Eiergericht, aber ich habe seine Rekonstruktion versucht. Und ich habe auch Zwiebeln und Knoblauch verwendet, denn Avila hatte einmal eine starke jüdische Gemeinde. Vor Theresia hatte sie einen jüdischen Visionär hervorgebracht, und vermutlich hatte Theresia väterlicherseits jüdische Vorfahren. Spanien war sowohl das Zentrum der jüdischen Mystik wie auch die Heimat des Johannes vom Kreuz. In der Tat, wenn man das Spanisch hören will, das zur Zeit der heiligen Theresia gesprochen wurde, darf man nicht nach Spanien reisen, sondern muß die wenigen kleinen jüdischen Gemeinschaften im östlichen Mittelmeer aufsuchen, die den letzten Krieg überlebt haben. Dort kann man noch die Musik und Sprache ihrer Zeit hören. Die Sprache ist Ladino und wird mit hebräischen Buchstaben geschrieben. Aber es ist immer noch das Spanisch einer vergangenen Zeit.

Hier also mein Vorschlag. Man braucht dieses Gericht wie die spanischen *Tortillas* und arabischen *Eggahs* nicht heiß, nicht einmal warm zu essen. Es wird in Stücke geteilt, denn es ist so fest, daß man es mit den Händen essen kann, und darum hervorragend für so ein Picknick geeignet.

Ein kleines Paket tiefgekühlten Blattspinat kurz kochen. Abgießen, kleinschneiden und ausdrücken, bis der Spinat trocken ist. In einer großen schweren Bratpfanne Öl und Butter schmelzen und eine gehackte Zwiebel und eine gewürfelte Kartoffel darin dünsten, bis sie gar sind, dann den trockenen Spinat, 2 oder 3 gehackte Frühlingszwiebeln und 2 oder 3 gehackte Walnüsse dazugeben nebst einem Teelöffel Salz und etwas gemahlenem schwarzen Pfeffer. Den Grill anheizen. 6 große Eier mit einem weiteren Teelöffel Salz und schwarzem Pfeffer schlagen und über das Gemüse in der Pfanne gießen. Die Eier fest werden lassen. Wenn sie unten Farbe angenommen haben, die Pfanne unter den Grill stellen und auch die Oberseite braun werden lassen. Das »Omelett« etwas abkühlen lassen. Es ist wie ein dünner Kuchen, den man in Scheiben geschnitten ißt. Ich ziehe es vor, die Scheiben kalt mit etwas Mayonnaise zu essen.

Käsekuchen Berg Sinai

Auch ein jüdischer Käsekuchen wäre ein guter Beitrag für eine Sacra Conversazione. Wie die Zwiebeltürme in Mitteleuropa von der Anwesenheit der Habsburger Zeugnis geben, so der Käsekuchen von der Anwesenheit der Juden.

In New York gibt es mehr Juden als in jeder anderen Stadt, also gibt es dort auch die verschiedensten Sorten von Käsekuchen. Dieser hier ist narrensicher, er fällt nicht zusammen, wird nicht ledern und ist für das jüdische *Shavuot* geeignet und für jede andere

Gelegenheit auch. Dieses Fest erinnert an die Zeit, als Moses am Berg Sinai das Gesetz empfing. Häufchen auf der Pastete erinnern an die Berge. Der Käsekuchen enthält Milch und Honig, die Symbole für das Heilige Land. Man ißt ihn zu Hause, nach der Lesung des Buches Ruth in der Synagoge. Das ländliche Aroma der Lesung führt den Beter ganz natürlich zu Kuchen.

Ein kleines Paket (225 g) leichte Kekse in einen Beutel tun. (Ingwerkeks oder Makronen tun es auch.) Mit einer Teigrolle oder in einem Mixer zerdrücken. 85 g Butter zerlassen und mit einer Prise Zimt zu den (Keks-)Krümeln geben. Die Mischung auf den Boden einer Springform ausbreiten. Der Boden und die Seiten brauchen nicht eingefettet zu werden.

Nun folgendes in eine Schüssel geben:

455 g Quark (plagen Sie sich nicht damit, ihn durchzustreichen)
4 große Eier
die abgeriebene Schale und den Saft einer Zitrusfrucht. (Ich nehme lieber Orange als Zitrone.)
115 g Puderzucker
3 Eßlöffel Honig (mit einem heißen Löffel bekommt man ihn leicht aus dem Glas)
1 Teelöffel geriebene Mandeln

Alles mit einem elektrischen Quirl 3 Minuten oder mit einem Handrührgerät 6 Minuten schlagen, bis die Masse blaß, gelb und schaumig ist. Über die Krumen gießen. Etwas Zimt daraufstreuen und mindestens 40 Minuten bei etwa 165° C, Gas 3, backen. Den Ofen ausschalten und die Tür öffnen. Wenn der Kuchen ausgekühlt ist, in den Kühlschrank stellen. Da es kein durch Luft hochgetriebenes Soufflé ist, braucht man keine Angst vor Zugluft zu haben und nicht zu vorsichtig zu sein. Dieser Kuchen sollte eine Woche reichen, tut es aber nie.

Juden sind Individualisten, und so hat jeder seine eigene Variante. Ich rate Ihnen, diese zu versuchen:
– einige Mandelscheiben oder Sultaninen in die Käsemischung rühren
– 5 Minuten bevor der Käsekuchen gar ist, einen kleinen Topf saure Sahne so darauf verteilen, daß es kleine Häufchen gibt und so dem Berg Sinai ähnelt. Etwas Staubzucker auf die Sahne streuen und noch 5 Minuten backen lassen.
– eine kleine Dose Obst abgießen. Wenn der Kuchen abgekühlt ist, das Obst darauflegen.
– etwas vegetarische Gelatine in 1/4 Tasse kochendem Wasser auflösen und zu dem Saft aus der Dose geben. Wenn er anfängt zu gelieren, über die Früchte gießen und den Kuchen in den Kühlschrank stellen. Schwarze Johannisbeeren schmecken am besten. Ihre Schärfe ist ein Kontrast zu der Süße.

Man kann auch erst das Eigelb in die Käsemischung geben und dann vorsichtig das steifgeschlagene Eiweiß unterziehen. Wenn Sie das tun, lesen Sie bitte Kapitel 17: »Die Seele des Kochs«. Sie müssen achtgeben, daß Ihre Stimmung ausgeglichen ist, Sie dürfen nicht wütend mit der Tür schlagen oder die Kuchenform anstoßen. Wenn Sie die rohe Masse in einem Haufen in die Mitte geben und nicht flachstreichen, ist das ein weiterer Schutz vor dem Fall.

Eine Bemerkung über Omelett

Laotse sagt, daß man ein Land so regieren sollte, wie man ein Omelett macht, mit Umsicht und Geduld. Pater Ross macht ein ausgezeichnetes Omelett. Es ist innen kremig, außen fest und fällt nicht zu Rührei zusammen wie bei mir. (Das Geheimnis: er rührt einen Teelöffel kaltes Wasser in die Eier und ertränkt sie nicht in Butter.)

Ich besuche ihn und sein Kloster aus geistlichen Gründen. Aber ich brauche immer eine Beruhigung auf persönlicher wie auf geistlicher Ebene, denn, wie ich schon sagte, ist die Umgebung merkwürdig und fremd. In jedem religiösen Orden steckt etwas vom christlichen Mittelalter, und für mich als Juden ist das ein Zeitalter, das nicht zu meinem Behagen und meiner Ruhe beiträgt. Aber in der Klosterküche werden das Unbehagen und der Verdacht zerstreut. Pater Ross wischt meine Proteste beiseite; sie sind nur schwach! »Sie sollen ein Omelett haben«, sagt er und sucht sorgfältig die besten Stücke irisches Brot dazu aus. Er bringt eine Flasche des von den Novizen gemachten Weins. Da die Novizen dauernd wechseln, tut der Wein es auch. Er kann köstlich sein oder tödlich. Ich selbst verspüre keine schlechten Nachwirkungen, ich schlürfe ihn gern, aber einer meiner Freunde, ein hartgesottener Segler, bekam den schlimmsten Kater seines Lebens davon. Der Wein war, wie man mir sagte, aus Pastinaken gemacht, und seitdem betrachte ich dieses harmlose Gemüse immer mit einem gewissen Argwohn.

Mit Liebe und Freundlichkeit bewirtet

June Rose

»Essen – im Buddhismus!« sprudelte lachend der Sekretär der Londoner Buddhistischen Gesellschaft heraus. Augenscheinlich hatte ich eine törichte Frage gestellt.
»Die Mönche kochen nicht – im Orient gehen sie jeden Morgen mit ihren Bettelschalen hinaus. Manchmal bekommen sie eine Banane, einen Löffel Reis und Curry oder eine Tafel Schokolade. Sie müssen das nehmen, was sie bekommen. Ich weiß es. Ich habe bei ihnen gelebt.«
Das klang nicht gerade vielversprechend für ein Kochbuch. Und weil ich nicht nach Japan reisen konnte, wo, wie man mir sagte, die Mönche ein Glas Wein oder sogar *Saki* annehmen, oder nach Ceylon, wo sie das ganz gewiß nicht tun würden, fuhr ich in ziemlich gedrückter Stimmung zu dem buddhistischen Kloster *Vihara* in Chiswick.
Die Tür von Heathfield Gardens 5 wurde von einer lächelnden, braungesichtigen jungen Frau geöffnet, die Strumpfsocken und einen wehenden weißen Sari trug. An der Tür stand ein Haufen Schuhe.
»Kommen Sie herein, kommen Sie herein«, sagte sie. Ich war erleichtert, als ich eine Notiz entdeckte, die besagte, daß man nur oben in dem kleinen Tempel die Schuhe ausziehen muß. Ich schämte mich etwas wegen eines Loches in der Sohle meiner Strumpfhose. Diesen Gedanken schob ich beiseite und betrat das Haus. Durch alle Räume dieses ungewöhnlichen Vorstadthauses wehte ein Duft von Weihrauch. Die Gläubigen standen in der Halle und in der Küche und warteten auf ein Gespräch mit den Mönchen.
Ich hatte gelernt, daß der Buddhismus eine Religion ist, die sich nicht mit Gott, sondern mit dem Geheimnis des Seins beschäftigt. Buddha »der Erleuchtete« wurde 563 vor Christus im Nordosten Indiens, in Nepal, geboren. Er gab ein Leben des Genusses auf und fand Ruhe in sich selbst durch die Entdeckung des

Mittelweges zwischen der Befriedigung der Triebe und der Askese. Überall in der Welt studieren die Buddhisten seine Lehren und Schriften, um selbst den Weg zu innerem Frieden und Ruhe zu finden.
Ich guckte in den Hauptraum, einen großen Vortragssaal, und war überwältigt von der Fülle der goldenen Buddhastatuen in den verschiedenen nationalen Stilen auf einem mit Blumenopfern geschmückten Altar, mit Vasen voller gelber und weißer Narzissen und Heiterkeit. Außer den Stuhlreihen gab es Bücherborde, auf denen Schriften und Bücher über den Buddhismus in englischer und singhalesischer Sprache standen.
Die kleine lächelnde Person, die mir die Tür geöffnet hatte, erzählte, daß sie Krankenschwester im Queen Charlotte Hospital sei. Alle im Hause wirkten merkwürdig ruhig, entspannt und heiter. Es wurde eine Tasse Tee mit europäischen Keksen angeboten, aber die Anmut, mit der sie angeboten wurde, schien, wenigstens in meiner Einbildung, der Heiterkeit einer orientalischen Religion zu entspringen.
»Die Ehrwürdigen sind beschäftigt«, flüsterte sie, »aber Dr. Saddhatissa wird in einer Minute zu Ihnen kommen.«
Schließlich kam er die Treppe herab, Dr. Saddhatissa, der Leiter des Vihara, ein kräftiger, kahlköpfiger Mönch aus Ceylon, in gelbe und orangefarbige Tücher gehüllt, mit ruhigem und freundlichem Wesen. Während unseres Interviews stand die Krankenschwester respektvoll an seiner Seite. »Der Buddhismus legt größten Wert auf mäßiges Essen«, sagte Dr. Saddhatissa.
»Den Buddhisten wird empfohlen, übertriebenen Genuß am Essen zu vermeiden. In dieser Welt sterben viele Menschen an unmäßigem Essen, andere sterben an Hunger und Unterernährung. Der Buddhismus befürwortet den Mittelweg.

Wenn man bei einer Mahlzeit vier oder fünf Dessertlöffel ißt und keinen Alkohol trinkt, wird das Essen gut verdaut, und man ist hinterher nicht schläfrig. Orthodoxe Mönche essen nur zum Frühstück und mittags, am Nachmittag trinken sie Fruchtsaft oder Tee. Daher fühlen sie sich sehr wohl. Sie sind nicht schwach oder krank.
Was ist das beste Essen auf der Welt?« Es war eine rhetorische Frage. »Ob eine große Mahlzeit oder ein kleiner Happen, ob wohlschmeckend oder fade, das beste Essen ist dasjenige, das mit Liebe und Freundlichkeit angeboten wird.«
»Gibt es nicht«, fragte ich versuchsweise, »besondere Sachen, welche die Mönche an Festtagen essen?«
»Jedes Essen ist akzeptabel«, erklärte mir der Erleuchtete freundlich. »In den buddhistischen Ländern müssen die Mönche in allen Häusern ihr Essen erbetteln, nicht nur in buddhistischen, sondern auch in christlichen und moslemischen, und sie müssen annehmen, was man ihnen gibt. Sie essen die Elemente Erde, Wasser, Feuer und Luft, um gesund zu bleiben. Buddhisten sind nicht notwendigerweise Vegetarier. Man darf nicht töten. Also darf man für den eigenen Tisch kein Tier töten lassen. Es ist aber erlaubt, bei einem Schlachter Fleisch zu kaufen.«
Er sagte: »Wir essen um zu leben, nicht um den Körper zu pflegen.«
Die buddhistische Auffassung vom Essen scheint zum großen Teil von guten Manieren und der Vermeidung von Feinschmeckerei bestimmt zu sein.
»Die Buddhisten sollen schnell essen. Sie dürfen die Finger nicht ablecken. Sie dürfen ihren Löffel nicht zu voll machen und kein Essen verschütten. Sie widmen ihre Zeit der Meditation.«
»Gibt es nicht Zeiten, Feste oder besondere Tage, an denen besondere Mahlzeiten bereitet werden«, fragte ich verzweifelt.

»An Sonntagen bringen die Gläubigen Essen für die Mönche. Alles kann angenommen werden.«
Die kleine Krankenschwester erzählte: »An den Jahrestagen des Todes der Eltern geben wir Almosen, dann laden wir Freunde und Verwandte ein und bieten auch den Mönchen eine Mahlzeit an. Im allgemeinen essen wir bescheiden. Aber an solchen Tagen essen wir Reis mit etwa acht verschiedenen Curries. Wir versuchen orientalische Gemüse und Obst aus Ceylon zu kaufen.«
»Gibt es für Almosengeben einen besonderen Segen?«, fragte ich den Mönch.
»Mögen Ihre Wünsche erfüllt werden, mögen Sie gesund und glücklich sein. Sie gaben mit einem guten Herzen.«
Mit unendlicher Sanftheit und Geduld verließ er mich und meine törichten Fragen.

Gaben für die Almosen

Rezept: Man nehme eine große Portion Lachen ...
»Ihr Mönche, wenn ein Mahl gegeben wird, so gibt der Geber fünf Dinge dem Empfangenden. – Welche fünf? Er gibt Langlebigkeit, Wohlgestalt, Labsal, Kraft und die Macht des Verstehens.«
Reden Buddhas (Anguttaranikaya III)

Die Seele des Kochs

Lionel Blue

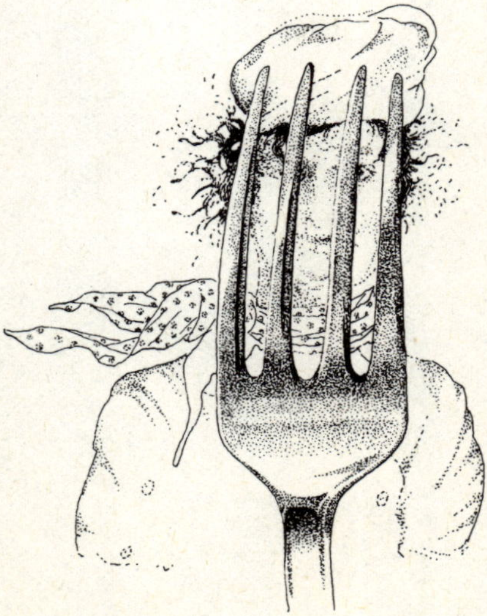

»Bisher haben wir nur an das Essen gedacht, das wir kochen, und an unsere Gäste und unsere Familie, für die wir es kochen. Aber damit begehen wir eine Unterlassungssünde, wir vergessen nämlich den Koch. Das Maskulinum schließt natürlich das Femininum ein und umgekehrt. Für die meisten Familien ist die Köchin eine Selbstverständlichkeit, sie bedenken nicht, wieviel Mühe und Phantasie dazu gehört, Tag für Tag die Mahlzeiten zu bereiten. Wir dürfen nicht nur an das denken, was auf dem Herd kocht, sondern auch an die Spannungen und Probleme, die im Herzen der Köchin brodeln. Welcher Art ist ihre Kunst? Welche Beziehung besteht zwischen ihrer Arbeit und der Arbeit des Universums? Welche Rolle spielt die Spiritualität in der Küchenklausur?
Die Küche ist eine Welt im kleinen, aber sie ist eine wirkliche Welt, und man begegnet in ihr allen Problemen des Lebens . . . nicht zuletzt seinen eigenen. Das ist auch nicht anders zu erwarten, weil unsere Umgebung wie ein Reflektor unser Glück oder Unglück sichtbar macht.
Wenn wir unzufrieden sind, sind wir wirklich »an das Abwaschbecken gefesselt« und ist die Küchentür eine Gefängnistür. Aber wenn wir frei genug sind, uns selbst ebenso großzügig wie unser Essen zu geben, dann ist die Küchentür eine Tür zu Warmherzigkeit und Liebe – wie eine Tür zum Himmel.
Eine gute Küche ist ein Ort des Trostes und der Wärme. Dort können die Leute ihr Herz ausschütten und sich öffnen, während die Köchin alle die kleinen beruhigenden Dinge tut, die das Leben zusammenhalten. Wenn wir das wissen, können wir einen Aphorismus von Bertolt Brecht verstehen, dem größten modernen deutschen Dichter. Er schrieb über einen sehr geheimnisvollen Herrn K. und sagte von ihm: Herr K. zog die Stadt B der Stadt A vor. »In der Stadt A«, sagte er, »machte man sich mir nützlich; aber in

der Stadt B brauchte man mich. In der Stadt A bat man mich an den Tisch; aber in der Stadt B bat man mich in die Küche.«

Die Küche ist der Alchimie gewidmet, der Verwandlung der Dinge. Verwandlung findet überall auf jeder Ebene statt. Sie findet in der Kirche statt, wo Brot und Wein sich für den Gläubigen in Gott verwandeln. Sie findet in einem Laboratorium statt und auch in den Tiefen eines Sterns oder in den Tiefen des eigenen Ich, wo Bitterkeit und Selbstsucht fortlaufend in Liebe verwandelt werden müssen. Wir schmoren sozusagen in unserem eigenen heiligen Saft. Auch der Kosmos ist ein Kochtopf, in dem alles ordentlich zusammenbrodelt. Wenn man glaubt, ist man überzeugt, daß für ein Fest gekocht wird.

Es ist ein Jammer, daß heutzutage eher das Laboratorium als die Kirche ein Vorbild für die Küche ist. Ihr strahlendes Weiß mag an die Reinheit und Schlichtheit einer Moschee erinnern. Im allgemeinen erinnern sie aber alle mehr an ein Atomwerk oder an die Außenstationen eines Krankenhauses. Eine Küche sollte nicht nur maschinell leistungsfähig sein, sondern auch psychisch und geistlich, es sollte nicht nur für die Verdauung der Gäste gesorgt werden, sondern auch für die Seele des Kochs oder der Köchin und all derer, die hineinschauen. Küchen brauchen Licht und Schatten wie Kirchen oder Kapellen, einige geliebte alte Dinge wie gut gescheuerte Tische und Ecken, in denen unerwartete Schätze stecken.

Schließlich ist das Endprodukt einer guten Küche nicht nur leibliche Nahrung für andere, sondern auch geistige Nahrung für den Koch selbst. Die Menschen kochen auch, um Seelenruhe und Erfüllung zu finden. Jeder Koch, ob Mann oder Frau, nimmt sich das Gelingen oder Mißlingen einer Mahlzeit zu Herzen. Man verliert nur zu leicht den roten Faden in dem Wirrwarr der Dinge und haßt seine Gäste schließlich auf den Trümmern eines zusammengefallenen Soufflés. Wie Ärzte oder Geistliche brauchen manche Köche etwas zur Stärkung während ihrer anstrengenden Arbeit. Daher findet man oft ein Glas Kochsherry oder Gin, eine brennende Zigarette oder Kaugummi neben dem Herd – notwendige Stützen im Drama des Lebens. Auch ein Gebetbuch würde helfen! Wie bei jeder schöpferischen Tätigkeit identifiziert die Köchin sich selbst mit ihrer Kunst, und mit ihren Zutaten wird auch sie durchgemischt und verwandelt.

Hier einige der geistigen Gefahren, die ich beim Kochen erlebt habe, einige Versuchungen, denen ich erlegen bin. Es sind nicht nur meine eigenen Erfahrungen, sondern sie betreffen viele Köche, wenn sich auch nicht alle zu ihnen bekennen wollen.

Ich habe versucht, ein exquisites Fest- oder Sabbatmahl zuzubereiten. Aber während des Kochens fing ich an, mich zu ärgern und, zu meinem Entsetzen, schließlich meine Gäste fast zu hassen. Die geistigen Unkosten der Mahlzeit waren zu hoch und widersprachen dem Zweck der Feier. Es wäre richtiger gewesen, eine einfachere Mahlzeit in besserer Laune zuzubereiten. Die Vergiftung meiner eigenen Seele war ein zu hoher Preis für die leibliche Speisung meiner Gäste. Ich hatte anstatt mit Vergnügen mit Ehrgeiz gekocht. Anfangs wollte ich natürlich meinen Gästen Freude machen. Aber dann wollte ich ihnen imponieren, und das Vergnügen wurde bitter. Sie sollten nicht nur meine Künste genießen, sondern sie sollten auch merken, daß sie nicht so sorgfältig, kochkundig und aufopferungsvoll sind wie ich. Da mein Vergnügen jetzt teilweise auf ihrem Neid beruhte, war es unrecht. Es wäre besser gewesen, meinen Gästen einfacheres Essen vorzusetzen und sie nicht mit soviel Verpflichtungen zu belasten.

Ich muß mich sehr oft darauf besinnen, warum ich koche. Ich könnte ja schließlich auch in ein Restaurant gehen. Ich muß den Zweck meiner Kunst im Auge behalten. Ich koche zu meiner eigenen Befriedigung und um meinen Mitmenschen Freude zu machen. Kochen heißt sozusagen, die Rohmaterialien des Lebens zu verwandeln, so wie Gott das Universum kocht – das, wie ich sagte, nur ein großer Kochtopf ist.

Angenehme Gerichte

Heikle Gerichte, die nervös machen, habe ich nie gemocht. Ich habe einen Widerwillen gegen Aufläufe, bei denen die Zutaten *vorsichtig* untergerührt werden müssen, oder gegen Omelett oder Pfannkuchen, die *ganz* gewendet werden müssen, oder englische Sonntagsessen, bei denen der Inhalt aller möglichen Töpfe und Pfannen *gleichzeitig* fertig sein muß. Trotz des zähnefletschenden Lächelns, mit dem ich aus der Küche komme, um meine Gäste zu begrüßen, koche ich dann wie meine Töpfe, und meine Gäste, die Familie und der Hund bekommen Ärger zu schlukken, um den sie nicht gebeten haben, und etwas Galle zu schmecken, die nicht zum Menü gehört.
Die folgenden Rezepte sind gemächlich und besinnlich. Ich kann dabei telefonieren oder an die Ersten und Letzten Dinge denken, und das Essen leidet nicht darunter. Man braucht nur einfache Utensilien wie Büchsenöffner, und es kommt nicht darauf an, wieviel man macht, es dauert nicht länger. Man braucht sich auch nicht um Maße zu kümmern. Man braucht nicht zu wiegen oder amerikanische Tassen oder Gemeinsame-Markt-Deziliter in englische Flüssigkeitsunzen umzurechnen. Man greift nur träge nach einem weiteren Paket oder einer weiteren Dose.

Tuna con fagioli

Dieses Gericht lernte ich zuerst in Rom kennen und habe es seither in England in italienischen Restaurants gegessen. Ich habe es »naturalisiert«, aber wie die meisten bäuerlichen Gerichte ist es derb und verträgt das Reisen. Meine Version ist nicht authentisch, aber ich ziehe sie vor und Sie vielleicht auch. Dieses Rezept ergibt zehn große Portionen und sollte mit französischem Weißbrot gegessen werden.

Nehmen Sie eine Schüssel und einen Dosenöffner. Öffnen Sie die folgenden Dosen und leeren Sie sie in die Schüssel:

2 Dosen Thunfisch a 200 g
2 große Dosen Butterbohnen, abgegossen
2 Dosen weiße Bohnen, abgegossen

Nun fügen Sie folgendes dazu:

1 große feingeschnittene Zwiebel (wenn Sie Zwiebeln mögen, nehmen Sie mehr)
2 ausgepreßte Zehen Knoblauch
2 oder 3 Eßlöffel gehackte Petersilie oder Schnittlauch

Wenn keine frischen Kräuter zu haben sind, nehmen Sie getrocknete *fines herbes* oder wenn Ihre *herbes* nicht so *fines* sind, einen Löffel gewöhnliche gemischte Kräuter, sie sind gar nicht so anders.

Nun machen Sie eine Tasse Ihres üblichen French Dressing, Öl und Essig, würzen Sie stärker als gewöhnlich und benutzen Sie auch das Öl aus den Thunfischdosen. Geben Sie einen Teelöffel Zucker und einen Teelöffel angemachten englischen Senf dazu. Gießen Sie diese Mischung auch in die Schüssel.

Waschen Sie Ihre Hände und mischen Sie mit ihnen den Inhalt der Schüssel sorgfältig durcheinander. Der Thunfisch zerblättert, es fühlt sich befriedigend und üppig an. Abschmecken und etwas schwarzen Pfeffer darübermahlen. Nochmals abschmecken und wieder mahlen. Noch etwas Salz oder Zucker darüberstreuen oder Knoblauch oder Zwiebeln oder Thunfisch oder sonst etwas . . .

Im Universum muß alles ruhen. Gott ruhte am siebten Schöpfungstag. Auch Sie müssen ruhen und ebenso *Tuna con fagioli.* Stellen Sie die Schüssel in den Kühlschrank, und lassen Sie sie über Nacht oder den Tag über dort stehen. Die Marinade wird von den Bohnen aufgesogen, die Aromen vermischen sich, und die Zwiebeln werden weich.

Dieses Gericht ist sehr anpassungsfähig. Wenn mehr Gäste kommen, kann es mit weiteren Dosen gestreckt werden. Wenn Sie wollen, können Sie es noch verschönern. Nehmen Sie statt der gewöhnlichen eine besonders schöne Schüssel und machen Sie phantasievolle Muster mit Anchovis, Paprika, Eierscheiben und Tomaten. Aber seien Sie nicht zu sparsam. Man *kann* Sardinen in Tomatensauce oder Makrelen in Dosen nehmen. Das Ergebnis wird eßbar sein und ist sehr gut für unternehmungslustige Kinder. Aber bei anspruchsvollen Erwachsenen sollten Sie den Thunfisch oder Fortuna nicht zu sehr strapazieren.

Soviel ich auch immer von diesem Gericht gemacht habe, es war nie genug. Es schmeckte Jugendführern und Kontemplativen, und eine mir bekannte Sozialarbeiterin versichert mir, daß sie davon lebt. Aber ob ich es mache oder esse, es schmeckt *mir.*

Esaus Versuchung

In der Bibel wird erzählt, daß Esau sein Erstgeburtsrecht wegen einer dicken Suppe, d. h. wegen eines Linsengerichtes, verkaufte. Auch ich wurde versucht und habe beinahe meine ganzen vegetarischen Prinzipien für Leberpastete verkauft. Die Leber eines

Tieres ist ein merkwürdiges und schönes Gebilde mit schillernden Farben. Aber sie ist auch blutig und glitschig, und ich mag sie nicht gerne anfassen oder braten; wenn sich die Poren schließen, tritt das Blut heraus. Aber ich habe sie immer sehr gern gegessen. Viele Leute haben nach einer im Prinzip reinen Pastete gesucht, und jeder hat einen wunderbaren Ersatz. Einige machen Kaviar oder Pastete aus Pilzen oder Auberginen. Meine Freundin Tina macht aus weißen Bohnen Pastete. Als ich einmal in der Synagoge aus der Genesis vorlas, wanderten meine Gedanken von der Liturgie zur Gastronomie. Jeder, der betet, kennt diese seltsamen Abwege der Gedanken. Ich dachte, daß das, was für Esau eine Versuchung war, auch mich versuchen könnte. Also erfand ich diese Pastete. Sie verlockt mich, sie verlockt auch Schwester Charlotte von den Sionsschwestern, die allerdings meine vegetarischen Skrupel nicht teilt, und es ist die einzige Versuchung, der ich während der Exerzitien, die ich gelegentlich leite, nachzugeben gestatte.

Ihre Zubereitung macht mir dieselbe Freude wie das Backen von Sandkuchen am Strand von Margate in meiner Kindheit. Wie alle wohlgearteten Gerichte muß sie langsam kochen. Zum Beispiel hat man Zeit, über Jakob und Esau nachzudenken und warum Esau so sympathisch ist und Jakob so ein Schurke. Man kann darüber nachdenken, warum Gott das Erstgeburtsrecht dem Falschen gab. Während der Topf kocht und es in der Pfanne brutzelt, kann man eine Menge denken.

Man braucht einen Topf und eine Pfanne, denn »Esaus Versuchung« wird in zwei Arbeitsgängen zubereitet:

Der Topf: Man wäscht ein Paket rote Linsen, etwa 455 g, in einem Sieb unter dem Wasserhahn und tut sie in einen Topf mit kaltem Wasser, das sie ungefähr

zwei bis drei Zentimeter hoch bedecken muß. Dazu gibt man ½ Teelöffel gemischtes Gewürz oder 5 zerdrückte Beeren, 2 Teelöffel Kümmel, 2 zerdrückte Knoblauchzehen, 1 zerbröckelten vegetarischen Suppenwürfel oder 1 Teelöffel Gemüsebrühekonzentrat und 2 Teelöffel Salz; man kann später genauer abschmecken.
Alles zum Kochen bringen und langsam vergnüglich und vorsichtig köcheln lassen, bis man einen wohlschmeckenden braunen Brei hat, wie die Sandkuchen in Margate. Wenn nötig, von Zeit zu Zeit Wasser nachgießen. Man kann auch feingeschnittene Karotten, Sellerie usw. mit den Linsen kochen und die Gewürze nach Geschmack variieren.
Die Bratpfanne: 4–5 große Zwiebeln grob hacken, in 225 g – nicht weniger – zerlassener Pflanzen-Margarine rühren, 1½ Teelöffel Zucker darüber streuen, die Zwiebeln braun und leicht karamelisiert werden lassen. Dann den Inhalt der Bratpfanne zu den Linsen geben, umrühren und abschmecken. Das Ergebnis ist »Esaus Versuchung«. Noch heiß in Pastetenförmchen gießen; es füllt viel mehr als man denkt.
Wie kann man dieses Gericht verschönern? Man kann geschmolzene Butter darübergießen und sie fest werden lassen. Man kann mit pflanzlicher Gelatine, Saucenfarbe und Brühe komplizierte Sachen machen und es damit überziehen. Wenn es gelingt, sieht es wie wirkliche Pastete in Aspik aus. Wenn nicht, einfach nicht hinsehen!
»Esaus Versuchung« im Kühlschrank kalt werden lassen und mit heißem Toast oder Kräckern servieren. Man versteht dann, warum Esau fiel. Aber wir können die »Versuchung« genießen und unser Erstgeburtsrecht behalten.

Eine Warnung

Wenn Sie gern »seelenvoll« kochen und Schlachthäuser und Ökologie Sie beunruhigen, werden Sie bald im gastronomischen Dschungel von Reformhäusern, Gesundheitsläden und Makrobiotischen Restaurants landen. Seltsame Genüsse, mehr als man denkt, lauern zwischen Seetang, Kräuterzigaretten und Sojapaste mit Schinkengeschmack. Es ist immer ein Abenteuer, in »Seelen«-Restaurants zu essen.
Einmal fand ich nach einer hektischen Versammlung in einer Synagoge zufällig solch ein Restaurant. Es war absolut richtig – vegetarisch und ehrlich. »Hör mal, Freundchen«, sagte der Kellner zu mir, »du vergiftest die Speisen mit deiner Stimmung!« Weil ich abgespannt war, bestellte ich Gin und bekam statt dessen Apfelsaft. Ich bestellte Suppe und unterhielt mich mit meinen Eßgefährten. Sie blicken mich sanft und fromm an. Die Männer sahen aus wie Jesus und ihre Begleiterinnen wie versonnene Magdalenen. Die Szene erinnerte mich unangenehm an Leonardos Gemälde des Letzten Abendmahls mit mir als dem, Sie wissen schon wem. Da ich Jude bin, schwatzte ich fröhlich drauflos, machte hier eine interessante Bemerkung und brachte da eine witzige Pointe an. Meine Eßgefährten sagten nichts, lächelten mich aber wieder freundlich, liebenswürdig und etwas abwesend an.
Langsam ging mir ein Licht auf. Meine Eßgefährten waren »high«! Ihr Hasch war gewiß vegetarisch, aber unerwartet illegal.
Ich bekam eine dicke Suppe mit Klößen. Einige Klöße waren köstlich, andere angebrannt. Ich beschwerte mich beim Kellner. Er nahm mir augenblicklich den Wind aus den Segeln, indem er sagte, daß das Essen gratis sei. Mit schlechtem Gewissen machte ich im stillen das Gelöbnis, meine Gäste nie mit meinen Stimmungen zu vergiften.

Eine jungianische Alchimistin

June Rose

chen zu machen. Der Kontakt mit der Materie und die sich daraus ergebende Möglichkeit, Gäste zu bewirten, halfen ihr, aus ihrer Gestörtheit herauszufinden.
Ich bin überzeugt, daß mein gutes Verhältnis zum Essen jüdisch ist. Unsere Aufgabe als Juden in der Welt ist es ja schließlich, Gott überall mitzubringen, wohin wir kommen. Kochen und seine Arbeit tun, sind eine Art Annahme des Hier und Jetzt. Aber mein Wunsch, ein wirklich offenes Haus zu haben, ist, glaube ich, eine orientalische Tradition.
Wie das Judentum ist auch das Christentum außerordentlich wichtig für mich. Ich könnte nicht existieren, ohne das Neue Testament zu lesen. Das Leben der hl. Theresia von Avila ist Nahrung für meine Seele.
Als ich vor Jahren, gleich nach meiner Scheidung, nach Zürich kam, war ich sehr durcheinander. Nachdem ich fast einen Zusammenbruch hatte, unterzog ich mich einer Analyse. Eines Nachts träumte ich von zehn kleinen Männern, die im Boden gruben, im Innern der Erde kratzten, aber es war nichts da.
Ich erinnere mich, daß ich kurz nach diesem Traum einen unwiderstehlichen Drang hatte, etwas mit meinen Fingern zu tun. Als Orientalin in einem großen Haus mit viel Bedienung aufgewachsen, hatte ich noch nie auch nur ein Ei gekocht. Aber damals besann ich mich plötzlich, daß eine alte Tante, die in Frankreich lebte, mir ein großartiges Artischockenrezept gegeben hatte. Ich hatte nur einen kleinen Kochtopf in meinem Zimmer, aber ich lief hinaus, kaufte die Zutaten (siehe Seite 185) und fing an, meine Artischocke sehr langsam mit großer Aufregung zu kochen.
Und die Artischocke wurde eine gekochte Artischokke – man mußte nur die verschiedenen Sachen zusammenkochen, und als sie gar war, fühlte ich, daß etwas mit mir geschah. Ein mir völlig unbekanntes Gefühl von Wohlbehagen erfüllte mich; ich hatte

nicht mehr diese schreckliche Angst, ich fühlte mich nicht mehr wurzellos.
Ich stürzte hinaus, um jemanden zu finden, dem ich von meiner großartigen Erfahrung erzählen konnte, und traf einen Studienkollegen, einen irisch-amerikanischen Priester; ich lud ihn ein, die Artischocke mit mir zu teilen. Er tat es. Und mit erstaunlichem Verständnis sagte er, daß es die hervorragendste Artischocke sei, die er jemals gegessen habe, und er berichtete all seinen Freunden davon.
Von da an wurde ich eine begeisterte Köchin, und mit Kochstunden und dem Organisieren von Gesellschaften bezahlte ich meine Analyse und meine Studien am Jung-Institut.
Für die praktische Seite meines Lebens war es ein wichtiger Wendepunkt. Aber dieses Erlebnis schenkte mir auch ein tiefes Bewußtsein meiner selbst. Weil ich nun mit der Energie arbeitete, die der Traum in mir freigesetzt hatte, spürte ich meine eigene Mitte und fand eine innere Richtung.
Durch das Kochen wird ein Grundbedürfnis in uns allen gestillt, die wir so sehr den Kontakt mit der Natur verloren haben. Das Kochen und die Pflege meiner achtundvierzig Pflanzen sind für mich eine Art Kontemplation.
Was das eigentliche Gebet angeht, weiß ich nicht so recht, wie ich es anfangen soll. Gott ist sehr gegenwärtig, ich denke viel über seine Gegenwart nach. Aber ich fühle mich mir selbst am nächsten, ruhe am stärksten in mir selbst, wenn ich mit meinen Händen methodisch etwas Konstruktives tue, mit den Grundelementen, deren Berührung mir Freude macht.«

Mollys Artischocken

6 runde Artischocken
2 Zitronen
455 g Perlzwiebeln
2 Eßlöffel Pflanzenöl
Salz und Staubzucker (das ist wichtig) nach Geschmack

Dies ist eine verfeinerte Version, da Molly inzwischen mehr als einen Topf besitzt!

Die Artischocken in einem großen Topf mit Salzwasser ungefähr eine halbe Stunde kochen. Wenn sich ein äußeres Blatt leicht herausziehen läßt, sind die Artischocken gar. Alle Blätter entfernen, nicht wegwerfen, sie schmecken mit zerlassener Butter, etwas Zitronensaft und Salz ausgezeichnet. Die strohigen Blütenfasern entfernen, dann hat man den Artischokkenboden erreicht.
In der Zwischenzeit die beiden Zitronen auspressen und den Saft mit den anderen Zutaten leise köcheln lassen, bis die Zwiebeln ganz weich sind. Wenn nötig, noch etwas Wasser hinzugeben. Was das Abschmekken betrifft, sagte Molly, es solle süßlich schmecken, aber nicht zu sehr. Das war alles, was ich aus ihr herausbekommen konnte! Die Artischockenböden in diesem Saft dünsten und dann kaltstellen. Es muß eine himmlische Erfahrung sein.
Mit ihren Menüs richtet sich Molly immer nach ihren Gästen. Wie ich schon andeutete, kocht sie mit Instinkt, Eingebung und Geschmack, so daß es fast unmöglich ist, sie auf Mengen festzulegen. Aber sie erinnerte sich an ein Abendessen, das sie vor kurzem gegeben hatte.

Hors d'œuvres

Zu Beginn ihrer Mahlzeit serviert Molly gewöhnlich verschiedene Salate. Die Menge hängt wieder von der Anzahl der Gäste und ihrem Appetit ab.

Pilzsalat

340 g rohe Champignons, feingeschnitten, ausgepreßter Knoblauchsaft, Vinaigrette und etwas Zitronensaft.
Einfach die Pilze gut waschen und die anderen Zutaten darübergießen.

Sellerie- und Apfelsalat

Sellerie, gewaschene, rote, ungeschälte Äpfel, reiner Apfelsaft mit etwas Mayonnaise vermischt; wenn man pro Person eine Stange Sellerie und einen Apfel rechnet, dürfte es genug sein.
Die Äpfel schälen und in Scheiben schneiden, den Sellerie waschen und hacken, die Sauce darübergießen.

Karottensalat

Karotten, ungefähr eine pro Kopf, Zitronensaft, Sultaninen, Apfelsaft, gehackte gemischte Nüsse. Alles zusammenmischen und mit Salz und Pfeffer würzen.
Die Karotten reiben, die Sultaninen ein paar Stunden in Apfelsaft einweichen, Zitronensaft und Nüsse dazugeben.

Kohlsalat

ein orientalisches Lieblingsgericht

Ein großer Kopf Kohl, zwei Eßlöffel Pflanzenöl, eine 400-g-Dose Tomaten, eine Zwiebel, Pfefferkörner, Salz, Turmeric und Kümmel, 6 Zehen Knoblauch, 2 Eßlöffel brauner Zucker.
Den Kohl langsam zwei bis drei Stunden mit den Tomaten und allen anderen Zutaten in Öl dünsten. Kein Tropfen Wasser dazu. Regelmäßig abschmecken und heiß servieren.
Molly sagt, daß sie »keine Ahnung« von der Menge der Gewürze hat. Ich schlage vor, mit einem halben Teelöffel Turmeric und Kümmel anzufangen.

Rote Bete und Zwiebeln

Zu einer gekochten Roten Bete eine Zwiebel. Vinaigrette.
Die Zwiebel und Rote Bete in dünne Scheiben schneiden, Salatsauce darübergießen, stehenlassen.

Jüdisches Hühnchen

Dies ist ein orientalisches jüdisches Gericht, das in meinen Kreisen unbekannt ist!

Ein mittelgroßes Huhn,
4 Eier
2 Karotten
1 Zwiebel
Salz, Pfeffer, Turmeric
Pflanzenöl

Rühreier in Öl zubereiten. Das Huhn zwischen Haut und Brust damit füllen. Das Huhn in Öl anbraten. ½ Glas Wasser, 2 Karotten, 1 feingehackte Zwiebel dazugeben sowie Salz und Pfeffer. Zugedeckt sehr langsam dünsten lassen, bis das Huhn wirklich zart ist. 5 Minuten bevor es gar ist, eine Prise Turmeric dazu. Das Huhn herausnehmen, enthäuten und aufschneiden. Die Füllung darübergeben – sie wird ganz fest sein. Den Saft aus der Pfanne über das Huhn sieben und alles sehr heiß mit Reis servieren.

Fig folly

eine frische Feige pro Person, keine getrockneten oder aus der Dose, gehackte Walnüsse, dicke Sahne, Cointreau.
Die Feigen über Nacht in etwas Cointreau einweichen, mit den Walnüssen füllen, die Sahne mit einem Tropfen Cointreau schlagen und über die Feigen verteilen.
Einige Stunden kaltstellen.

Ein Vorgeschmack des Himmels

Lionel Blue

Mein Lehrer erzählte:
Es war einmal ein Rabbi, der sich wünschte, Himmel und Hölle zu sehen. Und Gott, der die Gegensätze und die Einheit vor unseren Augen verborgen hat, gab seinem Bitten nach.
Der Rabbi fand sich vor einer Tür ohne Bezeichnung, zitternd sah er, wie sie sich vor ihm öffnete. Sie führte in einen Raum, in dem alles für ein Fest vorbereitet war. In der Mitte eines Tisches stand eine große Schüssel mit dampfendem Essen. Ein herrlicher Duft reizte den Appetit. Um den Tisch herum saßen die Gäste mit großen Löffeln in den Händen, aber sie schrieen vor Hunger und wurden ohnmächtig vor Durst an diesem schrecklichen Ort. Sie versuchten zu essen und mußten aufgeben, und sie verfluchten Gott, den Urheber und die Quelle ihrer Qual. Denn die Löffel, die Gott ihnen gegeben hatte, waren so lang, daß sie ihr Gesicht damit nicht erreichen und das Essen nicht in ihren Mund zu bringen vermochten. Sie streckten ihre Arme aus, aber ihr Mund blieb leer. So verhungerten sie wegen dieser Löffel, während die volle Schüssel in ihrer Mitte stand, und der Rabbi wußte, daß ihr Schreien das Geschrei der Hölle war. Und als er das erkannte, schloß sich die Tür vor ihm.
Er schloß die Augen und betete und flehte zu Gott, ihn von diesem furchtbaren Ort fortzunehmen. Als er sie wieder öffnete, verzweifelte er, denn er stand vor derselben Tür, der Tür ohne Bezeichnung. Wieder öffnete sie sich und führte in denselben Raum. Nichts hatte sich verändert, und er wollte vor Entsetzen aufschreien. Da war der Tisch und in der Mitte die dampfende Schüssel, und darum herum saßen dieselben Menschen mit denselben Löffeln in den Händen.
Aber vergangen war das Geschrei, und die Schreie und Flüche hatten sich in Segensrufe verwandelt. Denn mit denselben langen Löffeln konnten sie das Antlitz der anderen erreichen, und einer konnte den

anderen füttern. Und sie priesen Gott, den Urheber und die Quelle ihrer Freude.
Und als der Rabbi die Segensrufe hörte, schloß sich die Tür vor ihm. Und er verneigte sich tief, und auch er pries Gott, der ihm das Wesen von Himmel und Hölle gezeigt hatte und den Abgrund – eine Haaresbreite –, der sie voneinander trennt.

Bilder vom Himmel

Im 12. Jahrhundert lehrte Abälard in Paris. Er sagte, der Himmel sei der Ort, wo wir alles bekämen, was wir uns je gewünscht hätten, und wenn wir es bekommen hätten, würde es noch immer so schön sein wie damals, als wir es uns wünschten. Aber Gelehrte sind nicht genau genug, und Religionen brauchen, wie die Menschen, mehr als nur eine Hoffnung – sie brauchen ein Gleichnis, ein Bild. Denn diese erleichtern nicht nur das Verständnis, sondern sie helfen auch, die zukünftigen Freuden zu empfinden. Oft wird das Bild eines Mahles gewählt.
Für die ersten Rabbinen, die den Talmud schufen, war der Himmel wie ein feierliches Essen. Die Gäste, die Gerechten, hatten Kronen auf den Häuptern, und Gott war ihr Gastgeber. Vom Menü ist nicht viel bekannt. Es gab Fisch, denn sie aßen Leviathan, das Meerungeheuer. Da bei allen rabbinischen Mahlzeiten, selbst bei Hochzeiten, gelehrte Gespräche geführt werden, muß es eine sehr lebhafte Gesellschaft gewesen sein, ausgezeichnet durch Klugheit, Einsicht und Witz.
Für George Herbert, einen Mystiker des 17. Jahrhunderts, war es auch ein Mahl, aber ein intimes, *zu zweit* – es war wie das Warten auf die erste Liebe in einem Restaurant.

Liebe bot mir Willkomm; doch meine Seele schrak zurück,
In Schuld des Staubes, Schuld der Sünde.
Sie aber, Liebe, flinken Auges merksam, wie ich träg
Den Fuß kaum von der Schwelle setzte,
Drang näher an mich, zärtlich fragend,
Ob etwas mir zu mangeln schien.

Ein Gast, gab ich zur Antwort, würdig dieses Orts.
Und Liebe sprach: Du sollst es sein.
Ich, der des Undanks, der Ungüte voll? ach, lieber Freund,
Der nicht dich anzuschaun vermag.
Liebe ergriff mich bei der Hand und sagte lächelnd:
Wer schuf die Augen, wenn nicht ich?

Zu wahr, Herr, aber ich verdarb sie nur; laß meine Schande
Dort hingehn, wo sie es verdient.
Und weißt du nicht, spricht Liebe, wer den Tadel auf sich nahm?
Dann will ich, lieber Freund, dir dienen.
Du mußt, spricht Liebe, niedersitzen und mein Mahl genießen.
So setzte ich mich denn und aß.

Für einen anderen Anglikaner, den Reverend Sydney Smith, ist der Himmel wie ein Imbiß in einer modernen Musikhalle. Er versichert, es sei wie das Essen von Leberpastete beim Klang von Trompeten. Für den Koran ist das Mahl ein Gartenfest im Freien. Die Diener bringen Pokale, die alle Genüsse des Weins enthalten, ohne zu betäuben. Im Hintergrund hört man die Musik rinnender Bäche und Ströme. Als ich im Hof der Alhambra in Granada saß und den Brunnen lauschte, dachte ich an den Zauber dieses Bildes. Nach dem Gedränge und Gewühle unten in der Stadt und ihren großartigen, mit Gold und

Edelsteinen prunkenden Monumenten war diese Zartheit und Feinheit der Himmel.

Manche haben sich natürlich nie mit dem Leib und seinen Vergnügungen befreunden können. Intellektuelle, wie Maimonides, der größte jüdische Philosoph des Mittelalters, konnten das Problem unserer auferstandenen Leiber nicht lösen. Er fühlte sich wohler in einem Himmel des Geistes, etwa wie in einem Fortbildungskurs an einer Universität ohne Kaffee- oder Essenspausen. »Die weisen Männer und Propheten früherer Zeiten«, schrieb er, »sehnten sich nicht nach der messianischen Zeit der Macht wegen ... oder um zu essen und zu trinken und fröhlich zu sein. Sie wünschten sich nur die Freiheit, sich ganz der *Tora* und ihrer Weisheit widmen zu können, ohne daß sie unterdrückt oder gestört würden ...« Aber Maimonides liebte auch die Poesie nicht.

Nach dem 18. Jahrhundert wird der Leib in den Gebetbüchern immer unwichtiger. Bei der anglikanischen Hochzeitszeremonie fehlt jetzt der Satz des feurigen Bräutigams: »Mit meinem Leib bete ich dich an.« In jüdischen Gebetbüchern derselben Zeit weicht die Auferstehung der Leiber der Unsterblichkeit der Seelen. Seelen sind theologisch sauberer, aber die Gemeinschaft der Heiligen wird schrecklich vornehm. Darüber hinaus verflüchtigt sich die Religion aus der Liturgie des 19. Jahrhunderts ebenso wie der Leib. Sie wird zu geistig, um wirklich zu sein. Wie kann ein menschliches Wesen sich in einer Religion zu Hause fühlen, die von ihm verlangt, daß er seinen Leib oder seinen Verstand oder seine Seele vor der Tempeltür lassen soll. Die Bibel war mutiger! »*Kostet* und seht, wie gütig der Herr ist« (Psalm 34,9).

Himmelstorte

Einige Novizen, die ich kenne, wühlten in antiquarischen Büchern und fanden ein Buch mit dem Titel »Die tieferen Geheimnisse des hungrigen Mönches«. Sie kauften es hoffnungsvoll und fanden, daß »Der hungrige Mönch« leider ein berühmtes Restaurant für kultivierte Feinschmecker war, nicht für arme Fratres. Jetzt mache ich einen Kuchen, der ein armer Vetter von dem ist, der im »Hungrigen Mönch« zubereitet wird. Wahrscheinlich befriedigt er einen Feinschmekker nicht, aber er befriedigt einen vielbeschäftigten Rabbi, der Walnüsse und Süßigkeiten liebt.

Ich nenne ihn »Wenn-ich-in-den-Himmel-komme-Torte«, denn die Zahl seiner Kalorien lassen an die Unendlichkeit denken. Aber sicher werden unsere auferstandenen Leiber jenseits der Drohungen von Badezimmerwaagen sein. Sie könnten natürlich auch jenseits von Essen und Trinken sein. Wenn Kalorien da oben keine Rolle spielen, werde ich eine zweite Portion nehmen, was ich in dieser Welt noch nie zu tun wagte.

Wenn-ich-in-den-Himmel-komme-Torte

Eine große Dose gezuckerte Kondensmilch in leise siedendes Wasser stellen, nicht öffnen oder hineinstechen. 4 Stunden kochen lassen. Nein, das ist kein Versehen oder Druckfehler. Ich war selbst etwas skeptisch, aber die Dose kochte ganz vergnügt vor sich hin. Sie explodierte nicht, aber der Inhalt wurde zu dem besten und üppigsten Karamel, den ich je gegessen habe. Die Dose etwas abkühlen lassen.

Kaufen Sie einen fertigen Tortenboden, oder machen Sie einen Mürbeteigboden; ein vielbeschäftigter Rabbi kann das nicht. Ist es ein gekaufter Boden, etwas Weinbrand oder Sherry darauf träufeln. Nun die Dose öffnen und den Karamel auf dem Tortenbo-

den verteilen. Eine Banane und ein paar Walnüsse hacken und darüberstreuen. Eine Tasse Sahne mit einem Teelöffel Kakao, einem Teelöffel Instant-Kaffee und einem Teelöffel Puderzucker schlagen. Diese Creme über die Bananen und Walnüsse geben und zum Schluß geriebene Schokolade darüberstreuen.
Die Torte wenn möglich 6 Stunden in die Speisekammer stellen, damit die verschiedenen Aromen sich vermischen können.
Legen Sie jedem Gast eine kleine Portion vor – zwei, wenn es soweit reicht.
Anmerkung: Wenn Sie schon eine Dose 4 Stunden gekocht haben, warum nicht gleich 2 oder 3 ohne mehr Mühe kochen und mehr Torten machen?

Lokshen-Pudding

Ein Nachtisch aus Hühnerfett und ein schrecklicher Genuß.
Er ist schrecklich, aber wirklich ein Genuß – jedoch ein Genuß, der für den Himmel reserviert ist, denn er wird aus Nudeln, Zucker und Hühnerfett zubereitet. Er ist auch nicht schwer zu machen, vorausgesetzt, daß Sie Ihren Kalorienzähler wegwerfen. Dieser Pudding verdankt seine Entstehung den jüdischen Speisegesetzen. Weil Milch nach Fleisch verboten ist, war der Nachtisch für die jüdischen Hausfrauen immer ein Problem. Eiscreme ohne Milch kann wie weißer Beton aussehen und schmecken; allmählich wird er besser. Bei Fruchtsalat gibt es nur drei Möglichkeiten, frisches Obst, Obst aus der Dose oder aus getrockneten Früchten. Darum entsteht bei jüdischem Festessen eine gastronomische Lücke zwischen dem gebratenen Hühnchen und dem schwarzen Kaffee, die nur mit Petits Fours überbrückt wird.
So erstaunlich es auch scheinen mag, der Lokshen-Pudding wurde in meiner Kindheit häufig nach gehacktem Hering (Seite 16) und einem fetten,

schweren dampfenden Gericht, das *Sholent* hieß, gereicht. Dieses Menü hat der Strenge des sibirischen Winters durch Speckansatz entgegengewirkt, aber es hat auch bei Generationen europäischer Juden Fettherz und Arterienverkalkung hervorgerufen.
Weil heute auch sehr betagte Bürger geschmeidig, schlank und manikürt aussehen wollen, ist der Lokshen-Pudding von einem Sabbatgenuß zu einer Sünde gegen das Leben selbst geworden, seine Dauer, nicht seine Qualität. Die Haltung Nierentalgpuddings gegenüber dürfte sich ebenso geändert haben.
225 g Nudeln nach Anweisung auf dem Paket kochen. Manche mögen flache Nudeln, ich habe sie lieber dünn und gelb, mit Eiern.
3 Eier aufschlagen und die Eigelbe mit 3 Eßlöffeln weichem Hühnerfett schlagen. Dazu 3 Eßlöffel Zukker, 1/2 Teelöffel Zimt, eine große Prise Muskat und schließlich 1/2 Tasse Sultaninen, 1 Eßlöffel geschnittene Mandeln, 1 Teelöffel kandiertes Orangeat und Zitronat, und die gekochten Nudeln hineinrühren. Einige Leute geben noch Marmelade dazu, aber ich finde, dieses Gericht ist schon üppig genug.
Das Eiweiß sehr stark schlagen und vorsichtig unterziehen. Die Mischung in ausgefetteter Form in mäßig heißem Ofen (175° C – Gas 4) 3/4 Stunden backen oder in gefetteter Puddingform die doppelte Zeit im Wasserbad kochen.
Hühnerfett klingt schrecklich, aber Machzik ist ein ausgezeichneter Ersatz dafür. Man kann auch Butter oder Margarine nehmen. Dann schmeckt der Pudding etwas lieblicher, und vielleicht ziehen Sie das vor.
Lokshen Pudding kann, vor allem wenn er gebacken ist, kalt oder heiß gegessen werden. Wenn er kalt ist, schneidet man ihn in viereckige Stücke wie Kuchen. Man kann auch Fruchtsauce dazu reichen (jedoch keine Sahne- oder Vanillensauce), aber mir scheint, das würde zu schwer sein.

Lokshen-Pudding ist eine *Kugel,* eine Kreuzung zwischen einem Pudding und einem Auflauf – für die jüdische Küche charakteristisch. Er ist aber viel widerstandsfähiger als jedes andere Soufflé, und Ihre Gäste müssen nicht mit gezückten Löffeln wie olympische Sportler beim Start dasitzen, wenn Sie Ihre hochaufgegangene Schöpfung aus dem Ofen nehmen.
Der würzige Duft von Lokshen-Pudding kennzeichnete in meiner Kindheit alle jüdischen Feste und war ein Vorgeschmack des Himmels. Dreißig Jahre später begegnete ich ihm in einem abgelegenen kleinen Ort am Mittelmeer. Ich fühlte mich fremd und war krank. Auf einer Bank saßen zwei Leute, die sich genauso fremd fühlten und sehr verloren wirkten. Sie waren nicht mehr jung. Die Frau wandte sich zu dem Mann und sagte: »Wenn du wirklich koscher essen willst, hättest du nach Bournemouth gehen sollen.« Ich erkannte sofort eine *Bubbe* in ihr. Als ich sie überzeugt hatte, daß ich ein etwas übergewichtiges jüdisches Kind war, an Jahren fortgeschritten und seiner Mutter beraubt, schleppte sie mich in ihre Wohnung und tröstete mich mit Essen. Als ich in die Tür trat, nahm ich Zimtgeruch wahr.
Ich war in T-Shirt und Shorts. Die Sonne brannte vom Himmel, und der Schweiß lief mir über den Rücken. Sie strahlte mich besitzergreifend an, während sie einen großen Teller Lokshen-Pudding vor mich hinstellte und zusah, wie ich meine Gabel hineinstieß. Nun war ich wirklich desorientiert. Schien die Sonne in Sibirien? Ich wurde in meine Kindheit zurückversetzt. Die freundliche Dame verschmolz mit all den Bubbes, die ich je gekannt hatte, und all den Madonnen des Ortes in die eine große tröstliche Muttergottheit des Mittelmeerraumes.
In mir stieg der Fettspiegel stetig, das Fett tropfte an mir herunter. Aber ich war nach Hause gekommen, und das nahm eine große Last von meiner Seele.

„Man nehme etwas Levitikus"

Lionel Blue

Verdauungsbeschwerden lassen Sie in der Nacht aufwachen. Manche beten, andere nehmen Tabletten, und wieder andere nehmen die Bibel mit ins Bett oder versuchen Puzzlespiele. Wenn Ihnen nicht zu schlecht ist, warum es nicht einmal mit diesem Rezept versuchen?

Kuchen aus Schriften des Alten Testaments

1. *1 Tasse Richter 5,25*
2. *2 Tassen Jeremia 6,20*
3. *3½ Tassen 1 Könige 5,2*
4. *3 Tassen 1 Samuel 30,12*
5. *1 Tasse Genesis 43,11*
6. *1 Tasse Exodus 3,8*
7. *5 Jesaja 10,14*
8. *etwas Levitikus 2,13*
9. *ein wenig 1 Könige 10,2*
10. *1 Eßlöffel Genesis 24,20*

Befolgen Sie Salomos Rat (Sprüche 23,14), um ein braver Junge zu werden. Um Ihres Seelenfriedens willen beachten Sie Vers 2 desselben Kapitels nicht.

Epilog

June Rose

Unsere Erlebnisse mit Rezepten und Religion haben uns dankbar und neugierig gemacht und uns überrascht. Und wohlgenährt. Dankbar für das Vertrauen und die Gastlichkeit, die uns so reichlich zuteil wurden, neugierig darauf, mehr von den Bräuchen, den Bekenntnissen und der Küche unserer verschiedenen Nachbarn zu lernen, und sehr angenehm überrascht von dem Duft anderer Religionen.

Wir behalten die Erinnerung an die ruhige Heiterkeit der Buddhisten, die Würde der Moslems, die Anmut und Liebenswürdigkeit der Hindus und die Hoheit der Sikhs. Weniger gute Nachbarn hätten unser Forschen und Kosten vielleicht als Zudringlichkeit angesehen, als eine Beeinträchtigung ihres privaten Lebens. Aber alle, ohne Ausnahme, nahmen unser Interesse natürlich und gutgelaunt auf. Ungeduld oder eine unfreundliche Entgegnung trafen wir nicht ein einziges Mal an.

Bevor Lionel und ich die Arbeit an diesem Buch begannen, fiel es mir schwer, eine Beziehung zwischen dem Geklapper der Töpfe in der Küche und der andachtsvollen Stille eines Gottesdienstes zu finden. Die Begegnung mit gläubigen Menschen, die Entdekkung der Verbindung zwischen Rezept und Ritual und die Ähnlichkeit der Haltung zwischen Menschen sehr verschiedenen Glaubens halfen mir eine Brücke zwischen den beiden Welten zu schlagen. Mosche Davis, ein orthodoxer Jude, sprach mit fast denselben Worten über »spirituelles Training« wie eine orthodoxe griechische Nonne! Die Rezepte für *Dolmades* (griechisch) und *Holishkes* (jüdisch) waren auch sehr ähnlich.

Bevor die Arbeit fertig war, ergriff ich die Gelegenheit zu einem kurzen Urlaub in Sorrent. Beim Herumschlendern durch eine 2000 Jahre alte Villa in Pompeji wurde ich lebhaft an unser Buch erinnert. Der Führer machte auf das Lararium oder den Hausaltar an der Küchenwand aufmerksam. In dem Schrein befanden sich zwei Schutzgottheiten des Hauses, ein Jüngling mit einem Eimer Wein und ein Mädchen mit einem Füllhorn. Hier brachte der Herr des Hauses seinen Hausgöttern die kleinen täglichen Opfer dar. Ich hoffe, er dachte auch an die Köche.

Verzeichnis der Rezepte